O Grande Segredo do Dia em que Você Nasceu

Jean-Claude Marie

O Grande Segredo do Dia em que Você Nasceu

Tradução
MARCELO DE POLLI

EDITORA PENSAMENTO
São Paulo

Título original: *Le grand secret des jours de naissance.*

Copyright © 2002 Les Éditions de Mortagne.

Todos os direitos reservados. Nenhuma parte deste livro pode ser reproduzida ou usada de qualquer forma ou por qualquer meio, eletrônico ou mecânico, inclusive fotocópias, gravações ou sistema de armazenamento em banco de dados, sem permissão por escrito, exceto nos casos de trechos curtos citados em resenhas críticas ou artigos de revistas.

A Editora Pensamento-Cultrix Ltda. não se responsabiliza por eventuais mudanças ocorridas nos endereços convencionais ou eletrônicos citados neste livro.

O primeiro número à esquerda indica a edição, ou reedição, desta obra. A primeira dezena à direita indica o ano em que esta edição, ou reedição, foi publicada.

Edição	Ano
1-2-3-4-5-6-7-8-9-10-11	05-06-07-08-09-10-11

Direitos de tradução para a língua portuguesa
adquiridos com exclusividade pela
EDITORA PENSAMENTO-CULTRIX LTDA.
Rua Dr. Mário Vicente, 368 — 04270-000 — São Paulo, SP
Fone: 6166-9000 — Fax: 6166-9008
E-mail: pensamento@cultrix.com.br
http://www.pensamento-cultrix.com.br
que se reserva a propriedade literária desta tradução.

Impresso em nossas oficinas gráficas.

Meus agradecimentos vão para o meu filho Alrik, sem o qual este livro sem dúvida jamais teria visto a luz do dia.

Como o que está na terra é como o que está no céu, o conhecimento dos atributos do seu dia celeste permitirá a você governar melhor a sua vida na terra.

Sumário

Introdução 11

I. Como calcular o dia do seu nascimento 15

II. A interpretação 21

III. As correspondências 89

IV. Relacionamentos com os outros dias 105

V. Sobre o bom uso dos dias da semana 135

Introdução

Foram os deuses olímpicos da mitologia greco-romana que deram o seu nome a cada um dos dias da semana, fazendo-nos entoar, cinqüenta e duas vezes por ano, as sete notas de uma partitura divina:

Domingo	Dia do Sol
Segunda-feira	Dia da Lua
Terça-feira	Dia de Marte
Quarta-feira	Dia de Mercúrio
Quinta-feira	Dia de Júpiter
Sexta-feira	Dia de Vênus
Sábado	Dia de Saturno

A história nórdica, como muitas outras, conheceu a mesma seqüência tradicional, com a mesma melodia simbólica:

Sunday	Dia do Sol
Monday	Dia da Lua
Tuesday	Dia de Tyr
Wednesday	Dia de Odin
Thursday	Dia de Thor
Friday	Dia de Freya
Saturday	Dia de Saturno

Na Idade Média, sabia-se que essa Tradição tinha origem num profundo conhecimento e que adentrar seus segredos levava à revelação de grandes mistérios.

Em Paris, os ensinamentos de mestre Albert, monge erudito e grande taumaturgo do século XIII, atraíram multidões incontáveis, a ponto de dedicarem-lhe uma praça pública que leva o seu nome: a praça Maubert — contração de *maître Albert*.

Albert revelava a seu público, naquela época, os "admiráveis segredos" da influência sobre a natureza, sobre o comportamento e sobre o destino exercida pelo dia da semana em que cada um havia nascido — esse momento especial e determinante que ele denominava "dia mágico".

Ainda no século XVI, essa ciência era considerada tão importante pelos alquimistas, astrólogos e médicos que o papa Gregório XIII, mesmo tendo suprimido dez dias do calendário Juliano — transformando o dia 5 de outubro de 1582 em 15 de outubro — respeitou rigorosamente, a pedido deles, a seqüência dos dias da semana então em curso.

Os séculos se passaram e, com eles, o conhecimento; de fato, hoje a maioria das pessoas não sabe em que dia nasceu! Cada dia, porém, é dominado por um influxo magnético bastante específico.

Conhecer esse influxo é conhecer:

- as capacidades e limitações pessoais;
- as chances de sucesso na vida;
- as armadilhas a evitar para preservar a saúde;
- a pessoa com quem podemos mais facilmente construir uma existência.

É também dar a si mesmo os meios de melhor governar a sua vida, escolhendo:

- um bom parceiro;
- um dia bom para realizar uma determinada ação;
- as cores, pedras preciosas, plantas e perfumes mais apropriados.

Cabe agora a você, que acaba de descobrir o dia que presidiu o seu nascimento, descobrir todas as suas virtudes. Elas se encontram reveladas pela primeira vez nas páginas a seguir.

1

Como calcular o dia do seu nascimento

Na página 19 há uma tabela que serve para determinar o dia da semana correspondente a uma data de nascimento. Eis o modo de usá-la, para o período entre 1885 e 2036:

❶ Localizar o ano desejado nas colunas "Ano".

❷ Seguir a linha horizontal até parar na coluna referente ao mês desejado.

❸ Somar o número encontrado na interseção das colunas "Ano" e "Mês" com o dia do mês pesquisado.

❹ A soma desses dois números fornecerá o número que se deve consultar nas colunas "Número", e que por sua vez corresponderá ao dia da semana.

Exemplo: que dia da semana foi 14 de julho de 1970?

❶ Localizar 1970 nas colunas "Ano".
❷ Seguir a linha horizontal até a coluna "Julho".
❸ O número 3 encontrado deve ser somado a 14, totalizando 17.
❹ Nas colunas "Número", o 17 corresponde, na coluna "Dia do nascimento", a uma terça-feira.

COMO CALCULAR O DIA DO SEU NASCIMENTO

NÚMERO		DIA DO NASCIMENTO	MESES Jan.	Fev.	Mar.	Abr.	Mai.	Jun.	Jul.	Ago.	Set.	Out.	Nov.	Dez.	ANOS 1880-1884	1885-1900	1901-1924	1925-1952	1953-1980	1981-2008	2009-2036
1		domingo	4	0	0	3	5	1	3	6	2	4	0	2		1885		1925	1953	1981	2009
2		segunda-feira	5	1	1	4	6	2	4	0	3	5	1	3		1886		1926	1954	1982	2010
3		terça-feira	6	2	2	5	0	3	5	1	4	6	2	4		1887		1927	1955	1983	2011
4		quarta-feira	0	3	4	0	2	5	0	3	6	1	4	6		1888		1928	1956	1984	2012
5		quinta-feira	2	5	5	1	3	6	1	4	0	2	5	0		1889	1901	1929	1957	1985	2013
6		sexta-feira	3	6	6	2	4	0	2	5	1	3	6	1		1890	1902	1930	1958	1986	2014
7		sábado	4	0	0	3	5	1	3	6	2	4	0	2		1891	1903	1931	1959	1987	2015
8	29	domingo	5	1	2	5	0	3	5	1	4	6	2	4		1892	1904	1932	1960	1988	2016
9	30	segunda-feira	0	3	3	6	1	4	6	2	5	0	3	5		1893	1905	1933	1961	1989	2017
10	31	terça-feira	1	4	4	0	2	5	0	3	6	1	4	6		1894	1906	1934	1962	1990	2018
11	32	quarta-feira	2	5	5	1	3	6	1	4	0	2	5	0		1895	1907	1935	1963	1991	2019
12	33	quinta-feira	3	6	0	3	5	1	3	6	2	4	0	2		1896	1908	1936	1964	1992	2020
13	34	sexta-feira	5	1	1	4	6	2	4	0	3	5	1	3		1897	1909	1937	1965	1993	2021
14	35	sábado	6	2	2	5	0	3	5	1	4	6	2	4		1898	1910	1938	1966	1994	2022
15	36	domingo	0	3	3	6	1	4	6	2	5	0	3	5		1899	1911	1939	1967	1995	2023
16	37	segunda-feira	1	4	5	1	3	6	1	4	0	2	5	0		1900	1912	1940	1968	1996	2024
17		terça-feira	3	6	6	2	4	0	2	5	1	3	6	1			1913	1941	1969	1997	2025
18		quarta-feira	4	0	0	3	5	1	3	6	2	4	0	2			1914	1942	1970	1998	2026
19		quinta-feira	5	1	1	4	6	2	4	0	3	5	1	3			1915	1943	1971	1999	2027
20		sexta-feira	6	2	3	6	1	4	6	2	5	0	3	5			1916	1944	1972	2000	2028
21		sábado	1	4	4	0	2	5	0	3	6	1	4	6			1917	1945	1973	2001	2029
22		domingo	2	5	5	1	3	6	1	4	0	2	5	0			1918	1946	1974	2002	2030
23		segunda-feira	3	6	6	2	4	0	2	5	1	3	6	1			1919	1947	1975	2003	2031
24		terça-feira	4	0	1	4	6	2	4	0	3	5	1	3	1880		1920	1948	1976	2004	2032
25		quarta-feira	6	2	2	5	0	3	5	1	4	6	2	4	1881		1921	1949	1977	2005	2033
26		quinta-feira	0	3	3	6	1	4	6	2	5	0	3	5	1882		1922	1950	1978	2006	2034
27		sexta-feira	1	4	4	0	2	5	0	3	6	1	4	6	1883		1923	1951	1979	2007	2035
28		sábado	2	5	6	2	4	0	2	5	1	3	6	1	1884		1924	1952	1980	2008	2036

• 19 •

11

A interpretação

Domingo

O amor

Sua principal qualidade é a retidão. As pessoas costumam dizer que você é "corretíssimo". Fiel no amor e na amizade, você será apreciado pelas pessoas do seu convívio, para as quais você será como um mastro que se pode agarrar na tempestade da vida. Essa é a imagem que se faz de você.

Por trás dessa fachada, porém, oculta-se uma infinidade de personagens, e você é tão complexo que chega a parecer simples, completo. Aliás, isso é muito natural: por ser o primeiro dia da semana, pode-se dizer que o domingo contém, de certa maneira, todos os outros dias, porque todos decorrem dele.

Sua retidão, por exemplo, pode trazer-lhe problemas de relacionamento, do tipo que surge quando você exige dos outros tudo aquilo que exige de si mesmo. Você se esforça por jamais atribuir a si mesmo algum tipo de fraqueza — embora isso pudesse lhe fazer bem de vez em quando — e trata a menor falha num dos seus parentes como se fosse um defeito descomunal. Você reprova e critica sem perdão — e toda a terra treme ao seu redor!

Mas você — o correto, o justo, o racional — nunca falha? Preste muita atenção a isto: você adora agradar aos outros, e você o faz generosamente! Você tem *necessidade* de agradar, de seduzir. Essa é uma das suas grandes contradições: você precisa apenas parar de atrair os outros para constatar que sempre agrada a todos. Em princípio, isso nunca vai muito longe, porque, uma vez que você perceba isso, você tende a rejeitar o outro. Ele não servirá mais para nada!

Mas não são poucos os danos que podem se produzir nesse meio-tempo. De um lado, à sua volta, porque as pessoas levam os seus atos a sério mesmo que você esteja apenas flertando. Por outro lado, sobretudo em você mesmo, porque, cedo ou tarde, quem brinca com fogo acaba se queimando. Se isso nunca aconteceu, tome cuidado para não desenvolver o orgulho. O orgulho pode destruir tudo por onde passa!

Escute os outros, não os ignore. Eles têm tudo a lhe ensinar a respeito da sua própria natureza. Diga a si mesmo que um poste, ainda que bem afixado à terra, não é inabalável. Dê destaque para as suas fraquezas e minimize as dos outros. A felicidade começará a irradiar-se em você e ao seu redor.

O destino há de provar, se ainda não o fez, tudo o que acabamos de dizer. Não se esqueça de que dos seus esforços dependerá em grande parte a sua realização pessoal.

O trabalho

Oportunidades de trabalho ou de carreira lhe serão dadas muitas vezes durante a sua existência — e não se deixe enganar! Você tem a natureza de um chefe, de um dirigente. Os postos de responsabilidade combinam com você. Na verdade, você não suportaria ser um "assistente", um "pau pra toda obra". Você precisa de atividade, de independência na ação. Você tem necessidade de ser o mestre do jogo, de dar as cartas; você é um guerreiro e um vencedor.

Você inevitavelmente se confrontará com escolhas, na sua vida profissional, e precisará desenvolver o espírito de síntese que o anima para fazer o que é preciso, no momento apropriado e com a pessoa adequada.

Isso não será fácil, porque, se você gosta de comandar, você não gosta que contestem as suas ordens. Ora, elas serão discutidas e contestadas. Você terá de aprender que você nem sempre está com a razão, e isso não será muito fácil. Questionar-se será difícil, mas salutar.

• 25 •

No trabalho, como no amor, você precisa desenvolver a indulgência, a abertura de espírito, ampliar o círculo no qual você se fecha para ir ao encontro dos outros, ouvi-los, procurar compreendê-los e, com eles, encontrar soluções que não sejam soluções de mão única — soluções apenas para o seu problema!

Os outros admiram freqüentemente a sua coragem, o seu dinamismo, a sua determinação — mas será que você não faz um pouco demais? O Sol é o seu astro, o astro que o anima. Por isso, lembre-se de que o fogo do Sol pode aquecer o coração dos que sofrem, mas também pode queimar de maneira irreversível.

Seja bom no seu trabalho e, se precisar convencer alguém de algo, faça isso com respeito pelo outro. Se precisar punir, faça-o explicando o porquê. Se precisar ajudar, pare de esperar obter com isso um benefício pessoal. Em resumo: esqueça-se! Quanto mais temos poder sobre os outros, mais deveres temos para com eles.

Dê a si mesmo, sem descanso, os meios de pôr em prática esses conselhos.

A saúde

Você é de constituição forte, mesmo que, de vez em quando, a acumulação de pequenos problemas leve você a acreditar que não é eterno. Seja como for, você tem energia e vontade suficientes para combater os riscos da vida.

Aliás, você não é do tipo que se lamenta. Pode até mesmo acontecer que, quando está doente, a atenção dos seus parentes lhe desagrade. Você gosta da presença deles, mas prefere que seja uma presença silenciosa, e não lamentadora. Você vê facilmente seus acompanhantes como se fossem uma corte ao redor do seu leito, e não lhe desagrada que admirem a coragem que você demonstra durante a provação.

Você enfrenta provações, como todo mundo. No entanto, você precisa, mais do que os outros, prestar atenção para proteger a sua cabeça e os seus olhos de impactos diversos. Se você sofre de enxaqueca, o relaxamento acompanhará eficazmente o tratamento prescrito pelo seu médico. Para você, que é antes de tudo ativo, o relaxamento é um meio ideal de centrar-se, de propriamente "reencontrar o seu centro".

O seu centro é também o seu coração. O seu coração é forte, como você sabe, mas será que você não está certo demais disso? Pô-lo permanentemente à prova arrisca fragilizá-lo. Evite o consumo abusivo de álcool, de gordura, o excesso de trabalho, a falta de sono. Essa recomendação, se ouvida, evitará muitas preocupações.

A família

Chefe no trabalho, chefe do jogo no casal, você é também, ou deseja ser, um *pater familias* ou *mater familias*, o chefe da sua família; seu parceiro, nesse caso, terá problemas para partilhar da sua autoridade.

Indiscutivelmente, você tem competência para chefiar — mas existem chefes e chefes! Além disso, existem subordinados e subordinados! E existe, sobretudo no mundo de hoje, insubordinação, revolta contra as hierarquias, contra as conquistas históricas, até mesmo contra os próprios pais.

A sociedade quer mais democracia, e os seus filhos querem mais liberdade! O movimento parece irresistível. Você quer, por seu lado, proteger seus filhos — como o pássaro envolve seus filhotes sob as asas — enquanto seus filhos só pensam em... voar com suas próprias asas.

Sendo assim, você pode tentar impor, impedir, obrigar. Você será como a corrente de ar que atiça o fogo, e você, que tem a habilidade de dirigir a sua vida com mão de ferro, se sentirá desorientado, desnorteado.

Seja *cool*, como dizem os jovens, mas esteja sempre à disposição, sempre presente para ouvi-los, orientá-los habilmente e aconselhá-los sempre que pedirem. Saiba ser uma presença tranqüilizadora, uma força a que se recorre nas dificuldades, um lugar para onde se pode retornar.

Os problemas do casal procedem sempre da educação dos filhos, como sabem os casados. Um aprova uma coisa enquanto o outro a proíbe, e acontecem as discussões. Parem de discutir. Quando a mulher diz alguma coisa, ela necessariamente tem um pouco de razão; o mesmo vale para o homem.

Existem chefes e chefes, como dissemos anterior-
mente. O bom chefe, o verdadeiro chefe, é o que, diante
de uma alternativa, sabe tomar uma verdadeira decisão.
Essa decisão resulta de opiniões diferentes, e a opinião do
parceiro, em se tratando de filhos, deve *sempre* ser levada
em consideração. Mesmo que, no fim das contas, seja você quem decide...

A vida lhe proporcionará mil e uma ocasiões de analisar, e mesmo de pôr em prática, tudo o que acabamos de
lhe revelar.

O sucesso

Você não gosta que resistam aos seus encantos! Você
gosta de conquistar no amor e de vencer nos negócios; você quer ser respeitado na sociedade, mas é bom que tome
cuidado quem se interpuser no seu caminho.

Quem tenta frustrar os seus planos consegue apenas
fazer mal a si mesmo. O seu adversário, portanto, é quem
sofre as conseqüências. Na verdade, você é um pouco como o Sol, que segue seu curso celeste sem que nada ou
ninguém possa detê-lo.

A sua criatividade é muito admirada, é verdade, sem
limites. Mas, e você mesmo, já a avaliou? Você sabe do que
realmente é capaz? Por que às vezes acontece de você
parar com tudo no meio de uma empreitada, ainda que tudo indicasse que você teria sucesso?

Você, sem a menor dúvida, é inteligente — mas você põe a sua inteligência a serviço do seu sucesso pessoal? Você já fez a si mesmo a pergunta: "O que é o sucesso para mim?" Diz-se que a inteligência é a faculdade de estabelecer relações entre as coisas, entre os seres. Você constrói essas pontes para se relacionar com outras pessoas, sem as quais qualquer sucesso só poderá ser pessoal e egocêntrico?

Honestamente, o seu orgulho não o faz querer atingir seus fins, qualquer que seja a opinião dos outros? Pense nisso em relação ao trabalho, pense nisso em relação à família. O sentimento de sucesso é algo que se partilha, *precisa* ser partilhado! Ser bem-sucedido na culinária, por exemplo, é antes de mais nada agradar aos seus; fazer um bom negócio é dar uma vida melhor para a sua família; dizer uma palavra gentil é alimentar o seu coração com o sorriso do outro.

Você tem o dom da palavra e da ação. Uma palavra agradável cria a felicidade; uma palavra má ou autoritária gera a confusão. Uma ação desinteressada é mil vezes mais lucrativa do que um gesto egoísta.

Pense nisso e pare um pouco de pensar em si mesmo!

A sorte

Sendo por natureza inclinado ao otimismo, você usa um espírito positivo na ação. Lembre-se, no entanto, de que você não é invulnerável e que, se a "sorte" o protege, o "azar" ronda ao seu redor.

Você gosta de correr riscos na vida, gosta de jogar — talvez até mesmo goste em excesso — e isso lhe traz bons resultados. Quando você perde, você se recupera rapidamente... e recomeça. Tome cuidado, porém, para não "tentar o diabo", porque um dia ele pode ser mais forte!

O dia do seu nascimento é um dia solar. É por isso que o ouro é importante para você. Você gosta de usar objetos de ouro ou de presenteá-los ao seu parceiro. Você gosta de brilhar e tem os meios para isso, seja comprando jóias — um bom investimento para você — seja recebendo-as de presente ou por herança. Seria algo bem surpreendente se isso nunca lhe acontecesse!

Diz-se que o domingo é o dia dos riscos e da sorte.

Os números 1, 10 e 19 lhe serão sempre favoráveis, assim como seus múltiplos por 3, 6 e 9.

Segunda-Feira

O amor

Você é romântico, cerebral e místico. Mas também é criativo e tem uma capacidade natural para a realização.

A segunda-feira é o dia do casal, da união, do casamento, e tudo o levará a vivê-lo; seja encontrando sua alma gêmea e concretizando um amor, seja livrando-se das amarras que o prendem e o sufocam, para encontrar uma vida melhor no futuro. Como a segunda-feira é também o dia da reconciliação, os problemas que você enfrenta no relacionamento podem se resolver "como que por milagre".

Você tem o poder de provocar esse milagre — e, mais amplamente, o milagre do amor! Você sabe falar, provocar, excitar a imaginação do seu parceiro ou parceira, que dificilmente conseguirá resistir à sua abordagem. O mistério que paira sobre você vai aguçar-lhe a curiosidade, assim como a atmosfera de mistério que você sabe criar ao seu redor, e o amor que você dá a ele ou a ela o preencherá, porque você não sabe se entregar pela metade.

Um dia, porém, o seu parceiro irá reprovar o mistério que o cerca, os seus não-ditos; e, como você não o deixará entrar no seu jardim secreto, haverá um conflito. E o conflito, afinal, é algo que lhe agrada — você chega a *precisar* dele para existir!

Aliás, se não há conflitos no seu relacionamento, você tenta provocá-los. Se não conseguir, você chegará talvez até mesmo à beira da infidelidade para pôr o seu parceiro à prova... para melhor voltar e reconstruir o que destruiu. Mas preste atenção, pois se você é capaz de aceitar de volta um coração alegre, sincero e desinteressado, você se arrisca a receber uma resposta das mais desagradáveis.

O exotismo o atrai, e não é impossível que uma relação com um parceiro estrangeiro — asiático, principalmente — possa causar uma reviravolta na sua vida.

A amizade, por fim, ocupa um lugar de honra na sua vida e lhe traz um bom retorno emocional. Mas tome cuidado: amizade e amor nem sempre formam uma boa combinação. Não coloque muitos lobos no meio do rebanho de ovelhas!

O trabalho

Sua habilidade de manobra permite que você se saia bem de praticamente todas as situações. Você é um pouco como o gato, que sempre "cai de pé".

Você não imagina uma criação que aconteça a longo prazo, estável, contínua, retilínea. Isso o entediaria demais. Por isso, você cria — porque é extraordinariamente criativo — e depois destrói, parcial ou totalmente, para melhor reconstruir. Tudo isso pode acontecer na mesma atividade ou na mesma esfera de atividade, ou você também pode mudar radicalmente de trabalho, repetidas vezes.

A cada mudança, você se dedica totalmente; se você estiver empregado, seu patrão nunca terá nada a reclamar de você!... Até o dia em que você o abandone. Se você for o empregador, seus empregados terão algumas preocupações quanto à estabilidade no emprego, mas você sabe carregá-los com você em suas sucessivas aventuras, quando eles têm a coragem para isso e quando você gosta deles.

Dizem que você é instável e indeciso, mas você está simplesmente em perpétuo movimento. Você salta, na verdade, de uma margem do rio para a outra, e isso funciona bastante bem para você.

No entanto, um dia você conseguirá firmar os pés e estabelecer algo duradouro no domínio profissional. Você pode fazê-lo no contexto de uma associação, e nesse caso os acordos que você conseguisse seriam favoráveis aos lucros financeiros. Uma espécie de oásis no caminho às vezes difícil da sua vida.

A cada ano você saberá analisar o balanço do período anterior para tirar o melhor partido dos erros cometidos. Você colherá os frutos do relatório objetivo que fará, pois você sabe reconhecer os seus erros e mobilizar todas as forças para não repeti-los.

Siga a sua intuição quando for preciso fazer escolhas; você tem todas as chances de seguir a melhor opção, mesmo que a direção escolhida seja um tanto surpreendente para a sua família.

Sobretudo, nunca confie demais na sua intuição a ponto de se precipitar. Em vez disso, procure submetê-la à prova da paciência e da reflexão, para tomar sua decisão com conhecimento de causa.

A saúde

Você tem uma sensibilidade à flor da pele. A menor coisa é capaz de feri-lo e, por saber disso, você toma grandes precauções para não arranhar a suscetibilidade dos outros, a não ser que estes o ataquem num campo relevante do seu ideal, como o amor, a família ou a sua visão do mundo e da sociedade.

Você geralmente terá uma tendência a engolir a sua dor, fugindo dos problemas por meio do devaneio. Tome cuidado para que isso não aconteça com muita freqüência, e sobretudo para que não se acumule, pois você poderia passar por momentos de depressão para "digerir" os problemas.

Sua tendência a fugir dos problemas também pode levá-lo a procurar refúgio no álcool, ou mesmo nas drogas, com todos os riscos que isso implica e que você conhece — principalmente por conta da sua garganta, que pode se revelar um ponto frágil.

Além disso, evite o excesso de trabalho, na medida do possível.

Se você não é do gênero que solta um grito de vez em quando, faça uma caminhada junto à natureza, ou, dependendo do lugar onde vive, numa falésia à beira do mar. Uma vez lá, não hesite em soltar suas amarras: grite, berre ou chore à vontade! Esse é um bom meio de liberar todas as energias negativas acumuladas há décadas.

A família

Em família, você faz o gênero *cool*. É que, em alguma parte de você, permanece um espírito de criança, com toda a liberdade, criatividade e rebeldia que isso implica. Além disso, seus filhos não terão motivos para reclamar — não hoje, pelo menos — pois você tem tendência a deixá-los com as "rédeas soltas". Um pouco demais, sem dúvida... Não se esqueça de que os filhos são como lindas plantas cercadas de ervas daninhas que tentam sufocá-las. É preciso arrancar as ervas daninhas, como você mesmo concordará!

Como você é um livre-pensador, às vezes até mesmo um pouco anarquista, desagrada-lhe profundamente ter de exigir ou de impor. E mais ainda punir. Nos momentos difíceis, você deixará para o parceiro a tarefa de controlar a situação. O seu parceiro poderá repreendê-lo por essa "falta de coragem", o que pode levar a discussões ou brigas.

Você não gosta de brigas em família — longe disso. Aconteça o que acontecer, você quer sempre preservar a paz no seu lar, o que pode se mostrar difícil, sobretudo quando o conflito diz respeito à educação dos filhos. Seu parceiro exigirá que você assuma as suas responsabilidades; você ficará surpreso, pois costuma estar tão certo de que as assume — mas à sua maneira! Seu parceiro exigirá que você demonstre autoridade, embora sua natureza o estimule a respeitar os outros, sua liberdade e seu modo de ser e de viver.

Discutir com o parceiro pode fazer com que você encontre a solução dentro do próprio problema. Para isso, às vezes é preciso saber renunciar à dialética — na qual você é excelente —, fazer um esforço para chamar as coisas pelo nome e dizer "sim" ou "não", em vez de "talvez sim, talvez não"...

Desça do seu pedestal e veja os outros como eles são e a si mesmo como você é! Ponha os pés no chão e enfrente as situações. Senão, sua bolha de sonho poderá estourar, trazendo-o de volta ao mundo real, tal como ele é — ou seja, nem sempre fácil, nem sempre cor-de-rosa —, e poderá ser tarde demais.

Este conselho vale o seu peso em ouro caso você seja casado com uma pessoa nascida numa terça-feira, numa quinta-feira ou num domingo.

O sucesso

Sua vida, que nem sempre é fácil, também terá seus momentos positivos. E você verá que, com o tempo, seu destino pode melhorar. Você, com sua característica inclinação para a arte, poderá renovar sua existência procurando regularmente pincéis novos, uma tela nova e cores diferentes para criar a obra da sua vida.

Você também precisará decidir-se a pintar uma obra de arte e não apenas um esboço, além de fornecer a si mesmo todos os meios para realizá-la. Você tem energia, suas idéias são fecundas e sua imaginação, transbordante. É raro que você se conceda uma pausa!

Mesmo assim, se você quer usar do melhor modo possível todas essas qualidades que a natureza lhe deu, você deverá canalizar seu dinamismo de modo a não se dispersar. Escolhas lhe serão apresentadas, tanto na sua vida exterior, social e profissional, como na sua vida interior, familiar e amorosa.

Você inevitavelmente vai hesitar, pesar os prós e os contras, mas, por ser naturalmente muito intuitivo, você deverá abrir as melhores portas, optar pelas melhores soluções, tomar as melhores decisões. Sua intuição estará sempre unida ao seu senso de ideal.

Você sabe, sem dúvida, que a imaginação é chamada de "louca da casa". Toda pessoa criativa tem um grãozinho de loucura: ponha-a a serviço da criação! Você tirará dela o maior benefício, contanto que não incomode os que estão ao seu redor.

A segunda-feira traz uma desvantagem: a de estar constantemente dividido entre o mais e o menos. Por outro lado, ela lhe traz uma vantagem, a mais bela de todas: a de saber, de modo inato, que nenhum sucesso é pessoal, que a partilha é a mais extraordinária de todas as realizações.

Coragem! Nunca desanime: a sua vida é mais propícia ao sucesso do que para muitos outros.

A sorte

Sua sorte é do tipo passivo. O destino vem até você, mas você raramente vai ao encontro dele. No amor, você tende mais a ser escolhido do que a escolher, pois tem um magnetismo invejado por muitos. Isso, aliás, pode prejudicá-lo e tornar-se motivo de conflitos no relacionamento; sua abertura pode estar na origem da intrusão de pessoas nocivas à harmonia do casal.

Na verdade, você é como uma taça meio cheia e meio vazia. No jogo, por exemplo, você pode ganhar a mesa com todas as apostas, mas há grande chance de que você a perca logo na hora seguinte. Você entende muito bem o princípio da taça: ela só é preenchida para ser esvaziada.

Ademais, você põe essa teoria em prática em todos os domínios da sua vida; quando passa por "altos", são os picos mais altos, e quando passa por "baixos", são abismos. Não é preciso dizer que você não é nenhum exemplo de comedimento, de ponderação!

No entanto, você tem uma qualidade maior, e é precisamente saber que a vida é feita de altos e baixos, que você logo terá a oportunidade de pôr os pés numa casa branca quando acabou de pisar numa casa preta.

Você seria bem inspirado, caso o destino lhe reservasse ganhos inesperados — herança, loteria etc. — se o obrigasse a aplicar imediatamente o dinheiro, de modo a preservar o seu futuro e o da sua família. Você pode viver despreocupado apenas de brisa, mas a sua família não é necessariamente assim.

O número 2, bem como os seus múltiplos, deve ser favorável a você em todas as áreas. Ele lhe dará a possibilidade de elevar-se, de realizar-se, talvez até mesmo de transcender-se. Uma viagem poderá ajudá-lo nesse processo, assim como encontros imprevistos, que poderão resultar numa associação ou na sua integração a um grupo com vocação espiritual.

Terça-Feira

O amor

Você é de uma natureza muito franca; é conhecido pela sua estabilidade emocional e por ser uma pessoa confiável, tanto no amor como na amizade. Sua qualidade própria é um dom inato para conciliar os contrários, reconciliar os opostos, resolver todos os conflitos. Para você — e somente para você, a verdade está entre o bem e o mal.

Essa verdade é o "caminho do meio" — um meio que não é uma média, mas antes como a ponta de um triângulo isósceles, que fornece um ponto de encontro para a dualidade do mundo.

Você não é do tipo que pensa sem falar, ou que fala e não faz! Para você, a concordância total entre pensamentos, palavras e ações é um fim, quando não simplesmente uma realidade.

Por outro lado, você pode dedicar tanta energia a seguir seu caminho cotidiano a ponto de tornar-se ritualista, quase maníaco. Isso pode irritar o seu parceiro, que não verá necessariamente as coisas com os mesmos olhos e não deixará, no momento apropriado, de censurá-lo por tanta exigência e rigor.

A vida é a vida; a vida permanece sendo a vida, com suas alegrias, suas tristezas, suas boas surpresas e seus formulários de impostos. Mas, como nada o perturba completamente ou o fere definitivamente, você pode ter dificuldade para compreender o entusiasmo do seu parceiro por ninharias ou seu abatimento por causa de probleminhas ordinários.

Ora, seu papel é precisamente tranqüilizar o seu parceiro, reconfortá-lo, apoiá-lo na dificuldade e acompanhá-lo na felicidade, mesmo que todas essas futilidades lhe inspirem, na verdade, uma indiferença superior.

Se você não descer do seu trono, por amor ou por compaixão, surpresas desagradáveis poderão aguardá-lo mais adiante. Um(a) rival de algum modo mais "humano(a)" poderá tentar tomar o seu lugar.

Pense nisso e tome as providências necessárias; você tem todos os meios para evitar esse destino!

O trabalho

Você é inventivo, criativo, curioso por tudo... e, ao mesmo tempo, por nada, por um nada! Você tem um prazer imensurável de aprender, descobrir, de cultivar-se. E em todos os esforços que você faz para instruir-se, não é apenas a si mesmo que você quer instruir.

Ao contrário, para você o único interesse na aquisição do conhecimento consiste sempre em compartilhá-lo. Por isso, você poderia ser tentado a seguir carreira no ensino. Essa carreira lhe cairia muito bem, porque você sabe naturalmente "passar a mensagem". Você não reclama quando é obrigado a repetir para ter certeza de ter sido bem entendido e sabe usar as palavras que correspondem à mentalidade, à cultura do seu interlocutor — mas os imbecis o irritam profundamente!

É isso o que você porá em prática se estiver no comando de uma empresa ou se ocupar um cargo de alta responsabilidade em qualquer área, o que poderia levá-lo a ser paternalista. Acredite: isso irritaria muita gente!

A sua vontade de agir bem, de fazer o bem ao seu redor, muitas vezes será interpretada como uma atitude superior, orgulhosa, talvez mesmo autoritária. O seu desejo de convencer, de levar os outros a pensar como você, poderia ser interpretado pelos outros como uma violação da liberdade de pensamento.

Você coloca o seu ideal num patamar tão elevado que sofre com a pequeneza exibida pelas pessoas que o cercam, principalmente a dos "chefinhos" mesquinhos. Você sempre tenta ajudá-los a crescer, mas isso poderia prejudicá-lo. É preciso estar muito atento para não entregar a eles o bastão com que o atacarão!

É verdade que você não gosta de reter informações; você sabe muito, mas não sabe guardar para si o que sabe. Lembre-se de que, se a palavra é de prata, o silêncio é de ouro!

Dar demais ao outro o deixa em situação de dívida para com você; e muitos ao seu redor poderiam não aceitar isso muito bem.

Pense nisso mais do que em qualquer outra coisa!

A saúde

O mínimo que se pode dizer é que você não faz parte do grupo dos mornos e dos hesitantes! Mesmo que as escolhas sejam difíceis, às vezes, você sabe arbitrar, mesmo que sua decisão lhe traga graves problemas. A sua atitude também pode consistir em esperar que as coisas aconteçam — outro modo, para você, de decidir.

Pouco importa, suas escolhas comportam sempre um belo espírito de sacrifício, tanto mais corajoso, ou mesmo heróico, quando se trata de proteger a sua família. E, por não poupar a sua própria dor, você pode sofrer diversos males. Com efeito, sua bravura natural, por desconhecimento ou por desdém do perigo, pode fazer você temer os acidentes.

Observe onde põe os pés antes de se comprometer com alguma coisa: a vida está cheia de ciladas, e você tem os meios, e mesmo a força, para se proteger. Além disso, pare de "encher a cabeça" com os problemas dos outros: você pode ajudá-los, mas você não pode fazer por eles o que eles mesmos devem fazer! Torturar sua cabeça com isso pode provocar enxaqueca. Portanto, descansar regularmente o intelecto, relaxar e meditar são para você um remédio ideal.

Veja o lado bom da vida. O que você não pôde fazer hoje, faça amanhã ou em algum outro dia. Que importância tem isso?

Tome cuidado para não consumir muitos alimentos ou bebidas ácidas, pois o seu aparelho urogenital é frágil.

Evite o excesso de velocidade ao dirigir. Mesmo que você esteja — e você sabe que está — protegido num plano superior, os guardas de trânsito não se importam com esse tipo de coisas, e isso poderá fazer mal à saúde... do seu bolso.

A família

No seu ambiente de trabalho, você tende a se mostrar paternalista. A mesma tendência ocorre na família, onde você será o *pater familias* ou a *mater familias*.

Se você é homem, vai proteger sua família, sua esposa e seus filhos com amor e, se necessário, com excesso. Se você é mulher, vai ser uma "mãe coruja", e poderá até mesmo ser mais mãe do que esposa para o seu marido.

Esse senso de sacrifício que o move poderia fazê-lo esquecer-se da vida tal como ela é, ou seja, feita de sofrimentos e alegrias, de sofrimentos para superar e de alegrias para desfrutar. Para você, os problemas se revestem de mais importância do que as pequenas alegrias, porque é preciso superá-los, encontrar uma solução para eles. Para as alegrias, no entanto, nunca há solução a encontrar: elas vêm e nós as experimentamos; não há combate.

Ora, você é um combatente, você é da estirpe dos heróis. Mas pense nisto: quantos heróis foram sacrificados apenas por um ideal?

Faça com que não falte nada à sua família: que ela tenha um teto, tenha com que se alimentar e se vestir corretamente, e alegre-a com o seu bom humor — esse ingrediente não lhe falta! — quando ela se consome com as preocupações do cotidiano.

Você é naturalmente compreensivo e compassivo. Dê aos seu familiares o direito de ser o que eles são, mesmo que eles lhe pareçam fracos ou covardes. Você não pode e não deve exigir deles tudo o que exige de si mesmo; do contrário, seria preciso admitir que você ama a si mesmo mais do que a eles. E isso seria, para o seu equilíbrio, uma constatação bem desagradável!

Se for necessário separar-se do seu parceiro, saiba que você tem a capacidade de criar uma criança sozinho, mas, ainda assim, deve tomar todo o cuidado possível para não sufocá-la. Diga a eles, mesmo que saiba, que "você sabe que não sabe", e assim você orientará melhor a sua vida e a das pessoas de que gosta.

O sucesso

Conhecer o dia da semana em que nasceu o seu parceiro, ou a pessoa que pode vir a ocupar essa posição, o ajudará muito. Se você é homem, seria uma boa idéia escolher uma companheira nascida num dia par — segunda-feira, quarta-feira, sexta-feira. Se você é mulher, você se daria melhor, a longo prazo, com um companheiro de um dia ímpar — sobretudo quinta-feira ou domingo.

Mesmo assim, quaisquer que sejam os conselhos que receba, você jamais seria o tipo de pessoa que se satisfaz sendo apenas "um rosto na multidão". Sua natureza o leva a tomar o destino nas mãos. Você prefere guiar a si mesmo a ser guiado pelos outros, e ai de quem quiser interferir na sua opção de vida.

Guiar a si mesmo também significa escolher sua "orientação". Você pode, assim, ser levado a viajar para descobrir, descobrir mais — outros países, outros povos, outras culturas, outras civilizações, que você analisará para suprir a sua sede insaciável de conhecimento!

Você dificilmente seria partidário seja lá do que for. Ao contrário, você encontrará nos outros, nos que são diferentes de você, um meio suplementar e permanente de completar os seus conhecimentos, um novo meio de contar, de narrar. Porque você adora abrir o espírito dos outros para a alegria da descoberta daquilo que já lhe interessou um dia.

Não se esqueça, no entanto, de que existem pessoas "caseiras". E não se esqueça, acima de tudo, de que essas pessoas não são "ignorantes"; que a vida delas, embora possa parecer-lhe "confinada", pode se abrir para grandes espaços interiores de liberdade. Busque o que há de mais profundo nos outros mais do que a forma, pois a forma muitas vezes é enganosa.

Se deseja ter sucesso, aprenda antes de tudo a escolher os seus amigos. Muitos se apresentarão como seus íntimos, mas, na verdade, poucos serão. Você atrai de maneira irresistível, quase magnética; portanto, para que tudo se conforme à lei universal, aprenda a repelir quando necessário.

A sorte

A sorte está do seu lado! Você está entre aqueles — os mais raros — que sabem dizer a si mesmos: "Não existem problemas, apenas soluções." Você conseguirá encontrar soluções para os problemas mais complexos, como se tivesse a chave para livrar-se de todos os maus passos.

Quando lhe chega uma alegria, você a relativiza: você sabe que ela é efêmera, que a casa branca que ela representa logo será seguida de uma casa preta. Do mesmo modo, quando você se encontrar numa das casas pretas do grande tabuleiro da sua vida, você saberá que, cedo ou tarde, irá voltar a pôr os pés numa casa branca.

Na verdade, você tem poucas necessidades — materiais, bem entendido. Para você, adquirir bens não constitui um objetivo. É porque você é, acima de tudo, um espiritual ou um "vencedor". Além disso, você busca mais cultivar a sua riqueza interior, a sua satisfação pessoal, do que aumentar a sua fortuna a todo custo. Isso, no entanto, pode ser prejudicial a você e ao equilíbrio da sua família, porque você preferirá sempre uma bela vitória sobre as provações do destino a um sucesso profissional, material ou social.

Contudo, você precisa sustentar a família. Pode acontecer que você negligencie esse dever algumas vezes e receba reprimendas — merecidas, é claro. Na verdade, será possível ser "apenas" espiritual, viver somente para o seu ideal de transcendência?

Você nasceu numa terça-feira, dia que poderíamos qualificar de "hiperpositivo". Essa é, ao mesmo tempo, a sua maior qualidade e o seu maior defeito. Há certas coisas que podem e devem ser melhoradas.

O 3 e o 4 são números especialmente apropriados para você, assim como suas combinações (3 + 4 = 7, 3 x 4 = 12 etc.).

Quarta-Feira

O amor

Você é uma pessoa ativa por natureza, um conquistador, no amor e nos negócios. Você adora estar em movimento. A inércia é o que você mais odeia; além disso, ela pode até mesmo angustiá-lo. Quando você ganha, você adora ser admirado e às vezes você se mostra sensível à adulação.

Mas, se você ganhou, é para estabelecer seu relacionamento em bases sólidas. A sua natureza, ancorada no concreto, fará de você um companheiro leal e fiel; além disso, você não vai tolerar a mentira ou a infidelidade por parte do seu parceiro, o qual compreenderá rapidamente que é perigoso sair da linha. Com efeito, você vigiará seu parceiro e seus filhos, com atenção permanente. Você adora ser admirado, como dissemos acima; mas você adora acima de tudo ser admirado pelo seu sucesso no amor. A estabilidade do seu lar torna-se, conseqüentemente, a vitrina do seu sucesso.

Para não macular a boa imagem que se tem de você, você se empenhará para que ninguém desrespeite as suas leis, que ninguém do seu círculo de relações — sobretudo o seu parceiro ou parceira — ultrapasse a fronteira fixada por você. Por exemplo, você reagirá muito mal ao fato de que seu cônjuge possa querer ser independente.

Se você é homem, você vai se vangloriar sobre os méritos da mulher no lar. Se você é mulher, tenderá a vigiar as menores ações e gestos do seu marido, ou até mesmo, se a dúvida se instalar em você, a persegui-lo. Na verdade, como você certamente já deve ter entendido, você é naturalmente ciumento.

Mas o ciúme, em vez de resolver os problemas, os agrava, os torna ainda piores, e você, o conquistador, deve promover uma verdadeira guerra contra ele. O destino poderá lhe dar a oportunidade para isso; nesse caso, você encontrará os recursos necessários para travar um combate salutar contra você mesmo.

Não adianta desejar-lhe coragem, porque coragem é o que você tem de sobra!

O trabalho

No trabalho, como nas outras áreas, você é guiado por um ótimo senso de orientação, mais ou menos como se você se deslocasse constantemente com uma bússola na mão; é raro você confundir o norte com o sul e o leste com o oeste.

Muito curioso, em geral habilidoso para pequenos consertos domésticos, persistente ao ponto da obstinação, você gosta de criar ou de realizar obras materiais ou artísticas e costuma atingir seus objetivos graças à sua perseverança e talento. Seu espírito lógico e seu senso de estratégia e observação serão sempre uma ajuda preciosa em tudo o que você fizer.

Se você precisar comandar, será um chefe temido, e o poder que exercerá sobre os outros poderá ser considerado excessivo. Se for um empregado, você saberá mostrar um senso de política aguçado a tal ponto que outros poderão acusá-lo de arrivista ou de carreirista.

Você detesta que os outros resistam a você, e o fracasso representa, para você, a pior das provações. Por outro lado, você não poupa esforços na busca do sucesso, e o seu amor por ele o levará a mobilizar todos os seus meios para ganhar dinheiro.

No entanto, quando tiver acumulado sua pequena fortuna, talvez você hesite entre acumular ainda mais — você aprecia profundamente a segurança — e gastar para brilhar. Que dilema! É bem provável que esse problema se coloque para você durante a sua existência.

Seja como for, não há grande motivo para temer pela sua estabilidade financeira. Caso decida investir, você será prudente. Você sempre vai economizar algo para o futuro; você o fará com a mesma inteligência para os outros que, devido à confiança e ao respeito que têm por você, virão pedir-lhe conselhos ou entregar-lhe suas economias para que você as administre.

Seja com o seu próprio dinheiro ou com o das pessoas do seu convívio, evite sempre os investimentos especulativos. Você gosta das coisas concretas, não é mesmo? Por isso, tome cuidado para não sonhar com o impossível — você correria o risco de sair perdendo.

A saúde

Você tende a ser um epicurista em todos os sentidos da palavra, consigo mesmo e com os outros. Consigo mesmo por gostar do que é bom; com os outros, porque gosta de receber.

Você é um *bon vivant* e sabe ser um anfitrião generoso. Aliás, todos gostam de ser convidados para a sua casa, pois estão certos de encontrar uma boa mesa, fazer uma boa refeição e ouvir histórias apaixonantes.

É exatamente essa qualidade que pode lhe trazer uma série de problemas! Inicialmente, porque alguns dos seus familiares e amigos podem exagerar, "convidando-se" bem além do razoável — os aproveitadores sempre escolhem as boas mesas. Você corre o risco de reagir mal e ficar com raiva, o que não é desejável, porque a raiva tem efeitos bastante nefastos sobre o seu estado geral. Além disso, porque você corre seriamente o risco de ser tentado por refeições muito fartas — fartas demais. Você precisa manter distância dos excessos à mesa e cuidar, principalmente, de não abusar das carnes muito temperadas e das carnes de caça em geral.

Tome cuidado, por fim, com os excessos sexuais, que, para você, representam uma certa forma de hedonismo e poderiam prejudicar essa bela energia que lhe é natural.

Em resumo, viva mais devagar — e sobretudo com mais frugalidade —, faça um pouco menos convites e recuse-os um pouco mais. Isso fará bem à sua saúde... e à saúde das suas finanças.

A família

Algumas pessoas o criticam pela sua autoridade e pelo seu lado materialista. Os seus familiares poderão exigir regularmente de você mais compreensão, sensibilidade ou mesmo humor; porém, eles jamais se esquecerão que com você, perto de você, se sentem seguros.

Você é mais do que um chefe de família — é um "chefe de clã", porque a sua família é mais importante do que tudo para você. São "os seus" — a "sua" esposa, o "seu" marido, os "seus" filhos —, e você sente, em relação a eles, uma responsabilidade de protetor, papel que você exerce, aliás, melhor do que ninguém.

Em caso de problemas, as pessoas vêm consultá-lo para que você as ajude a resolvê-los; em caso de conflito ou de divisão, para que você concilie os opostos; em caso de um projeto importante, para que você seja o conciliador.

Mas, como você sabe que ela é respeitada, essa mesma autoridade natural poderá ser contestada quando você tender a abusar dela. Respeito é uma coisa; medo é outra.

Alegre-se, portanto, se às vezes você for abertamente contestado; para seus familiares, esse é o meio de dar vazão às contrariedades criadas por você. Essas manifestações de descontentamento servem para informá-lo sobre o estado de espírito deles.

Por outro lado, desconfie se você nunca os ouvir dizer "não". Sem a menor dúvida, eles têm personalidade própria. E se você a sufocar por excesso de poder, é possível que eles deixem de lhe dizer certas verdades, por medo de sua reação — algo que você teria razão de temer. E você não suportaria que mentissem para você — logo você que, contudo, sabe tão bem contar "mentiras inocentes".

Abra o seu espírito, dê mais atenção às opiniões expressas pelos seus familiares, seja mais tolerante e tudo correrá bem, para eles e para você. O destino deverá dar-lhe a oportunidade de constatar isso.

O sucesso

Montar, edificar, construir: eis as palavras-chave da sua ação. Em geral, você obtém sucesso, porque é motivado — motivado pela riqueza, pela posse de bens materiais, pelo luxo e pelo brilho social!

Qualquer que seja a área à qual você se dedique, você se entrega profundamente. Nada o detém e raros são os projetos que você não conclua, pois a energia de que dispõe é de um poder inestimável.

Se você construir — ou mandar construir — uma casa, se montar um apartamento, você vai querer que seus convidados admirem o lugar cada vez que os receber; mas você gostará também de acariciá-lo diariamente com os olhos, assim como faz com a pessoa que partilha da sua existência.

Se viajar, será mais para descobrir do que para descansar, e também para avaliar de que modo você pode usar concretamente as suas descobertas. O seu sucesso, aliás, poderá acontecer no exterior. Você é também um negociador temível; nesse campo, você corre o risco de dar a seus interlocutores a falsa impressão de terem sido enganados.

Bom comprador e bom vendedor, apesar disso, você precisa tomar cuidado para que sua habilidade e audácia nos negócios não se voltem um dia contra você. Do mesmo modo, o seu rigor no que diz respeito aos lucros pode fazê-lo perder bons negócios e criar um certo número de inimizades no seio de suas relações profissionais ou mesmo de suas relações pessoais.

• 59 •

Mesmo se estiver bem posicionado no que se refere a dinheiro, lembre-se de que você não é imune a problemas financeiros. Você detestaria ver-se obrigado a reduzir seu padrão de vida.

Permaneça prudente acima de tudo, restrinja seu furor de consumo, seja mais "formiga" do que "cigarra". Assim você evitará as perdas financeiras que o espreitam. Torne estáveis as suas conquistas. E, sobretudo, não arrisque no jogo!

A sorte

Você não é um jogador; tanto melhor, porque o seu dia de nascimento não é propício aos "ganhos do acaso".

Você não é um jogador porque jogar é arriscar. Não que você tenha medo do risco, pelo contrário; mas, para corrê-lo, você precisa pesá-lo, medi-lo, avaliá-lo.

Na verdade, você só começa algo depois de ter posto todas as chances do seu lado. Você faz mais o gênero que "constrói a própria sorte".

É isso que o leva a acreditar que ganhar na loteria ou num cassino não é para você, embora você às vezes fique tentado a imaginar tudo o que poderia fazer com um ganho importante: comprar, construir, viajar...

Mas você nunca acredita seriamente nos seus devaneios. Para você, as grandes fortunas só se fazem pela acumulação, economizando cuidadosamente. Aliás, isso pode levá-lo, às vezes, a deixar de lado a generosidade, mas você saberá reparar o erro com aqueles que se mantiverem ao seu lado.

Por outro lado, você não será avarento com seus convites e, muitas vezes, não os fará desinteressadamente. Você verá neles a oportunidade de ampliar seu círculo de relações — e, como todos sabem, a sorte não nos sorri senão graças a uma boa "agenda de endereços".

Para você, a sorte, ou a "boa fortuna", não consistirá necessariamente em acumular um bom patrimônio. Se ganhar muito dinheiro, você considerará isso um "excedente", algo que deve vir depois do essencial.

Mesmo que você venha a conhecer as vicissitudes da vida, você terá a capacidade de se restabelecer, de se reconstruir. Embora alguns números lhe sejam favoráveis — como o 4 e o 5, por exemplo —, você contará acima de tudo com você mesmo, e não estará errado!

Quinta-Feira

O amor

De todas as qualidades possíveis — ou, de acordo com o ponto de vista, de todos os defeitos —, a que o caracteriza é a exigência. Uma exigência sem nuances, sem complacência, que você aplica a si mesmo e aos outros, ou em todo caso àqueles que importam para você.

Se é possível ver em você um parceiro ideal, é porque você não sabe amar pela metade. Você tem o dom de amar. Nada o detém na sua vontade de fazer seu parceiro feliz, tanto afetiva quanto sexualmente.

Você escolhe o seu parceiro em função dos seus critérios de exigência, e, se lhe acontece de encontrar uma pessoa sem interesse, você se afasta dela tão depressa como a encontrou. Você não se contenta com qualquer coisa!

Você não consegue amar, nem ser amado, de um jeito qualquer. No fim das contas, você prefere a solteirice ou a solidão — que você é inteiramente capaz de suportar — a uma relação medíocre, a um casamento fracassado.

O que você procura, na verdade, é o casal perfeito, a união sem falhas, o amor eterno que nada — nem os outros nem o tempo — é capaz de esgotar. Você é um idealista, mas um idealista positivo, um romântico empreendedor, um "sonhador concreto".

Com um temperamento como esse, o que se deve temer é que o seu parceiro não seja dotado da mesma personalidade, dos mesmos objetivos, da mesma vontade de se entregar ao outro, ao amor, à construção do par ideal.

Além disso, logo o seu relacionamento será mais ou menos rapidamente afetado por isso, para infelicidade de ambas as partes: do seu lado, por uma sensação de fracasso; do lado do parceiro, pela incompreensão. Reconheça que não é fácil acompanhar você! Seria bom, sem dúvida, que você "pusesse água no seu vinho", porque mesmo as grandes coisas não podem ser realizadas sem atrito.

O trabalho

Ativo e muito organizado no que faz, você busca a perfeição em tudo. Você não sabe fazer nada pela metade em nenhuma área de sua vida. Os chefes, os "grandes deste mundo", podem talvez impressioná-lo, mas nunca intimidá-lo.

De fato, você é movido por um sentimento de superioridade, que você saberá utilizar quase sempre com prudência, para persuadir, ganhar e proibir, mas também para unir. As provações raramente o assustarão, pois você tem naturalmente o dom de superá-las.

No decorrer da sua vida, você poderá exercer várias profissões, mas terá mais sucesso naquelas em que puder servir de intermediário ou de conciliador.

Delegar não o inquieta, porque você sabe escolher pessoas de confiança; você poderá, no entanto, ter uma tendência a exigir um pouco demais dos outros. E pior para eles se cometerem erros: sua exigência natural se traduzirá, nesse caso, como intransigência. Você poderá até mesmo adotar sanções, se achar útil, "porque era o que era preciso fazer".

Suas qualidades às vezes podem tornar-se defeitos aos olhos das outras pessoas: elas respeitam a sua preocupação com o "bem-feito" e se associam a você até o momento em que não conseguem mais acompanhá-lo, porque você exige cada vez mais. Com isso, você corre o risco de ver um fiel companheiro de trabalho se voltar contra você — ou, pior ainda, de o abandonar para ver se consegue viver melhor em outro lugar.

Comandar os outros é próprio de você — mas pare de tentar fazê-lo pela força. É bom delegar; e, nesse caso, deposite uma confiança verdadeira e pare de fiscalizar tudo por trás. Tempere sua exigência natural com um pouco de doçura e de indulgência. Você verá como a sua vida e a dos seus familiares vai se transformar.

A saúde

A quinta-feira lhe dá uma proteção natural. Se, como é próprio da nossa existência, você vier a sofrer de doenças ou for vítima de acidentes, esteja certo de que serão menos graves ou menos numerosos do que para o comum dos mortais.

"Mente sã em corpo são" é uma filosofia que deveria ser bem apropriada a você. E mesmo que atualmente a atividade física não ocupe um lugar importante na sua vida, pode-se apostar que você adora o esporte — mesmo que apenas pela televisão...

O esporte, que dá os meios de se superar e se aperfeiçoar, é também um bom caminho para você mudar suas idéias, eliminar o *stress* e libertar-se das limitações que você impõe a si mesmo — com a condição, porém, de que você não o pratique com o excesso que o caracteriza. Faça da atividade física uma ocasião para relaxar, para se divertir. Deixe de lado a competição, desenvolva o espírito de equipe e se canse razoavelmente.

Além disso, se você vier a apresentar uma pequena fragilidade, será preciso procurá-la próximo ao coração, tanto nas manifestações amorosas como nas patológicas. Portanto, poupe-o — ele foi feito para durar! Lembre-se da seguinte máxima: "O coração tem razões que a própria razão desconhece."

Evite os excessos em todos os domínios!

A família

Sua família sabe que você a protege com eficácia. Ela sabe também do apego e cuidado que você dedica a ela. Vendo como vocês todos evoluem em conjunto, diríamos espontaneamente que vocês estão ligados "como os cinco dedos da mão".

Seu senso inato de perfeição tem aqui a sua mais bela expressão, nas atenções reservadas à pessoa que você ama, na boa educação que procura dar a seus filhos, no apoio que está sempre disposto a dar a seus parentes próximos.

É a você, aliás, que as pessoas recorrem em caso de conflito na família, ou quando há uma decisão importante a tomar e que envolve o seu "clã". Todos recorrem sempre a você em caso de força maior, porque você é reconhecidamente desinteressado e imparcial, preocupado em que a justiça reine entre os seus, para o bem.

Você nunca se esquiva quando pedem a sua opinião, e em geral as suas opiniões são brilhantes. Em geral, mas nem sempre... Isso quer dizer que você também pode se enganar, mesmo que a sua confiança em si mesmo o leve a acreditar no contrário. E, se isso acontecer, ninguém sentirá a sua falta! Sua autoridade, sagacidade e generosidade serão questionadas e você terá problemas para aceitar isso.

Seu idealismo poderá fazê-lo esquecer-se de certas realidades concretas, bem terra-a-terra, ou incitá-lo a sufocar os seus familiares com grandes afirmações filosóficas ou moralistas que eles absolutamente não compreendem.

Procure, portanto, ser mais moderado, mais *cool*. A perfeição, como todos sabem, não é deste mundo. Tudo bem que você almeje alcançá-la — mas, por favor, deixe que os outros a alcancem de acordo com sua própria capacidade e no seu próprio ritmo.

O sucesso

As pessoas dizem freqüentemente que você "parece jovem". E você é jovem — de espírito, pelo menos — e você dispõe dessa força natural que o permite "saltar" sobre problemas de todo tipo.

Não que você negligencie os problemas; você é do tipo que os ataca frontalmente. Se você os soluciona mais depressa ou — em aparência, pelo menos — melhor do que os outros, é porque você é dotado de um idealismo positivo que o leva a acreditar que, depois de cada noite, o dia sempre nasce.

Você sabe explorar esse "otimismo" a seu favor, mas também sabe torná-lo proveitoso para os outros. É por isso que você é tão apreciado na sociedade. Se você "não der certo", poderá tornar-se um bom político.

Você é progressista. O passado e a história têm valor para você, e você até os conhece bem, mas apenas como fermento de um futuro a ser criado, a ser construído.

Você tem alma de reformador; para você, é preciso transformar continuamente o que já está realizado, melhorá-lo, transcendê-lo. Você vai se destacar nos projetos e invenções, e vai entusiasmar e estimular as pessoas ao seu redor.

Mas você também tem seus pontos fracos, e é neles que seus projetos nem sempre serão realizáveis e que suas invenções poderão permanecer em estado embrionário. Será preciso, então, que você recue um pouco, e você dirá que as pessoas não o compreendem e que ninguém é capaz de compreendê-lo... Algumas vezes você terá razão.

As oportunidades se apresentarão a você — e as armadilhas também. Será preciso que você apele para a sua razão para fazer as melhores escolhas e evitar, com isso, enganar-se ou ser enganado. Seja, portanto, prudente, mas saiba contar consigo mesmo; você tem esse poder, pois lado a lado com a razão está a sua intuição, que é e será sempre a sua melhor aliada.

A sorte

Sua sorte é, acima de tudo, você mesmo! Você tem sorte... Você não só sabe atraí-la, quando e como precisa dela, como também ela mesma vem por si só até você no momento em que menos espera.

Com isso eu não quero dizer que você nunca enfrentará provações. Significa que você detesta ter de enfrentá-las e que você desenvolve a capacidade de antecipar os acontecimentos.

Existe maneira mais apropriada de combater um inimigo do que procurar conhecer suas armas e a composição do seu exército? Pois a vida nos traz muitos inimigos, quer sejam físicos, afetivos ou de outra espécie, e você sabe disso.

No que diz respeito a você mesmo, a sorte é ativa, e se lhe acontecer às vezes de se deixar abater, dizendo a si mesmo que você carrega o mundo às costas, isso não vai durar; você possui a força necessária para se libertar.

Quanto à sua intuição, ela fará com que você evite muitos erros; seus interlocutores freqüentemente se renderão à sua determinação.

Como você não é verdadeiramente materialista, você adora partilhar suas alegrias com os outros, que por sua vez saberão apreciar a sua generosidade. No entanto, algumas pessoas terão a tendência de abusar e de tentar "roubar" a sua sorte. Por isso, você deverá distribuí-la com parcimônia.

Sua sorte, como você já compreendeu, você a deve, acima de tudo, a você mesmo. Sua vida não deverá ser "infeliz", a não ser que você amplifique as suas provações, que você intensifique — conscientemente ou não — a impressão que você tem, às vezes, de que o mundo inteiro tem algo contra você.

No jogo, você deverá ganhar facilmente. Todos os números lhe são favoráveis! Tente, porém, os números pares: eles são um útil complemento para você!

Sexta-Feira

O amor

Você é da estirpe dos apaixonados! Sedutor, envolvente, seu magnetismo jamais deixará indiferente o sexo oposto; pode acontecer até mesmo de você ser tentado a abusar, tão grande é o sucesso que você obtém.

Sua facilidade natural para seduzir, o seu gosto, às vezes ambíguo, pela sedução podem causar-lhe muitos problemas se você não lhe der um sentido determinado. Se você é homem, e procura uma mulher, o mais recomendável é que ela seja uma "esposa-amante"; se você é mulher, procure um "marido-amante". Assim você dará a si mesmo todas as chances de não se perder nos meandros da infidelidade.

Não que você seja infiel por natureza, mas você muitas vezes é indeciso; passa muito tempo pesando os prós e os contras e, quando conquista alguma coisa ou alguém, tem o mau costume de perguntar se não era de outra coisa ou de outra pessoa que você precisava.

Sua busca apaixonada do equilíbrio e seu sentimento íntimo de justiça o levarão a conflitos entre a tentação e a razão, com a tentação impelindo-o a sair e a razão forçando-o a ficar... ou a voltar.

Aliás, você poderá ter vontade de partir somente para "tomar um pouco de ar", para encontrar os amigos e as amigas, companhias que nem sempre serão apreciadas pela pessoa que compartilha a sua vida.

Mas fique tranqüilo: a chance de encontrar a sua "alma gêmea", no seu caso, é infinitamente maior do que para qualquer outra pessoa... porque é exatamente o que você procura, não é mesmo? Aí está todo o equilíbrio a que você aspira, aquela harmonia que você tanto ambiciona!

Se você ainda duvida, dê ouvidos à sua intuição; quando puder escolher, você terá todas as chances de acertar, porque ela vai orientá-lo habilmente. Confie nela!

O trabalho

Você é indiscutivelmente um intrometido. Você se sente bem em todos os meios. Você consegue sem dificuldades voltar de uma reunião social e refazer a pintura da cozinha, ou comentar o *Financial Times* com o açougueiro.

Na verdade, tudo lhe interessa mas nada o apaixona a ponto de você realmente ter vontade de perder tempo com isso. Quando você o fizer, será mais por obrigação do que por determinação, e muitas vezes você ficará cheio de remorsos com a idéia de talvez ter feito a escolha errada.

Mas é preciso que você, que "borboleteia" sem parar de uma idéia para outra, faça uma pausa; o único meio de fazê-lo, na profissão, é procurando um emprego que envolva dedicação pessoal, investimento permanente e obrigação de conseguir resultados.

Você é bem dotado para o comércio, porque sabe seduzir seu interlocutor, quem quer que ele seja; mas basta que você perca um negócio ou atraia pensamentos desagradáveis da parte de um superior hierárquico para que você tenha imediatamente um colapso!

Hiperativo num dia, "acabado" no outro, você deveria preferir integrar-se numa estrutura organizada, que possa ajudá-lo quando as coisas forem mal e que o deixe livre quando tudo estiver bem.

Essa maleabilidade intelectual e afetiva que você possui é também o seu grande trunfo: além de ser criativo, imaginativo e inventivo, você tem um grande espírito de síntese. Sua orientação profissional levará tudo isso em conta.

Como você está em busca de si mesmo, é possível também que você procure transmitir seus conhecimentos, o que lhe cairá como uma luva. Não é verdade que ensinamos bem aos outros aquilo que mais precisamos aprender?

Enfim, se você já tem um trabalho, não poupe esforços para conservá-lo. Ou não hesite em se comprometer com alguma oferta que lhe seja feita, porque refletir é bom, mas vacilar nunca é construtivo!

A saúde

A inquietude que o caracteriza, somada a uma sensibilidade "à flor da pele", nem sempre torna a sua vida muito fácil. Um simples olhar pode chocá-lo, uma simples palavra pode magoá-lo.

Por isso, você deve evitar o excesso de trabalho ou uma vida desordenada a fim de afastar da sua vida todo e qualquer *stress*.

Viva durante o dia e durma à noite — não o contrário! Se por acaso você costuma dizer que o sono é perda de tempo, procure ver como ele é igualmente reparador, e, no seu caso, absolutamente necessário para o seu equilíbrio.

O *stress* poderá dar origem a alguns problemas de saúde. Você deverá cuidar do estômago — você não sente, de vez em quando, o estômago embrulhado? — e evitar comer alimentos muito ácidos ou muito apimentados, beber muito álcool ou fumar demais, porque seus intestinos são frágeis.

Falando claramente: des-con-trai-a-se; tenha confiança em si mesmo e não se preocupe demais com o que os outros pensam. Seja você mesmo: todos têm qualidades, e você não é exceção!

A família

A família tem uma importância enorme para você. Você precisa dela para se abrir para a vida. Você a representa para si mesmo como um porto seguro na tempestade da sua existência.

Contudo, você encontrará nela motivos para conflitos e, em vez de fugir, como acontece muitas vezes, você terá de enfrentar a situação com coragem e determinação. Com isso, você vai perceber que fugir é o melhor meio de agravar os problemas — isso quando não é, simplesmente, o melhor meio de criá-los.

Ao mesmo tempo severo e relaxado quando o assunto é educação, você muitas vezes vai parecer desconcertante aos olhos de seus familiares. No entanto, eles provavelmente gostam do seu temperamento de artista, original e um tanto "deslocado", desde que você não exagere.

Além disso, eles gostam também da sua sabedoria inata, revelada pelo seu comportamento. É exatamente porque às vezes o que você diz não faz muito sentido que você conhece intuitivamente o sentido, a essência da sua vida.

Você possui, aliás, esse "sexto sentido" que o faz sentir, pressentir e adivinhar as coisas. Isso é algo que o seu pessoal, às vezes, tem dificuldade para aceitar, pois embora você saiba mentir, enganá-lo é ainda mais difícil.

Todas as crianças são indisciplinadas. Seus pais as educam, corrigem seus defeitos, orientam-nas. Você, mais do que qualquer outro, compreende os pontos fortes e fracos delas, participa de suas alegrias e as consola em seus sofrimentos; você sabe deixá-las cometer pequenos erros, sem necessariamente repreendê-las, para que aprendam a viver.

Você ama as crianças e elas lhe retribuem. Elas lhe agradecerão pela liberdade que você lhes deu — contanto que você não tenha exagerado.

Com elas, e também com a pessoa que compartilha da sua vida, evite as expressões equívocas. Discutir é esclarecer as situações; muitas vezes você acha que não foi compreendido simplesmente por não ter sabido se fazer compreender.

O sucesso

Você é dotado de uma personalidade rica, proteiforme, um pouco como o "camaleão". É o que o torna indefinível aos olhos dos outros. Na verdade, são poucos os que conseguem prendê-lo em suas vidas.

Para que você realize uma tarefa com ânimo, qualquer que seja ela, é preciso que ela lhe pareça desmedidamente grande. Quanto maior for a aposta, quanto mais difícil for o objetivo a alcançar, mais se fortalecerão a sua coragem, a sua audácia e generosidade.

Sua natureza o leva sempre a ficar dividido entre "isto e aquilo" — mas, se tiver oportunidade de esquecer essa dualidade que lhe é própria, você partirá para o ataque e se lançará de cabeça na aventura.

Bastará que alguém peça especificamente a você para imaginar e desenvolver uma idéia dentro de um prazo impossível e sua criatividade não terá limites. Você vai sair esgotado, mas feliz, e os que lhe confiaram a tarefa não ficarão menos felizes.

Para você, o "sucesso" é antes de tudo a vitória sobre a indecisão, a hesitação, os adiamentos que talvez envenenem a sua existência; é atingir a harmonia, encontrar o equilíbrio.

Muito bem, reflita serenamente: o passado já se foi; o futuro ainda não chegou. O que resta? O presente!

O presente é, antes de mais nada, a dádiva que nos é oferecida a cada instante de estar vivo, de respirar e de ser feliz — de simplesmente existir.

Portanto, se você deixar de se refugiar no passado, se você deixar de se projetar no futuro e se, enfim, você aceitar dizer a si próprio que, mesmo durante a noite, o Sol continua brilhando, sua vida não será mais bem-sucedida?

Ponha em prática esses conselhos. Essa atitude, sem a menor dúvida, lhe será muito benéfica.

A sorte

Para você, tudo é mais ou menos como avançar num tabuleiro de xadrez: casas pretas e casas brancas, sucessos e fracassos. Você se volta para o céu e tudo lhe vem como que por encanto. Você desce aos infernos e surgem os problemas de verdade.

Mas, quer o resultado seja bom ou mau, você saberá, no fim das contas, relativizar a situação. Quando ela for positiva, você vai pressentir que uma dificuldade poderá vir em seguida; caso contrário, você dirá para si mesmo... o contrário.

Na verdade, você é mais ou menos como um gato: o que quer que aconteça, você vai "cair de pé". Por conter em si o dia e a noite, você compreende que a vida é feita de uma longa sucessão de alegrias e tristezas.

Sua sorte decorre, acima de tudo, do poder de sedução que você exerce naturalmente sobre os outros. Seus amigos são numerosos e pertencem a diferentes esferas sociais, assim como seus relacionamentos; e muitas vezes, numa reunião, você se torna o "centro das atenções".

Você tem facilidade para falar; todos gostam de ouvi-lo. Você sabe contar histórias, captar a atenção e, em matéria de negócios, convencer seu ouvinte com talento e, se necessário, com esperteza.

Os extremos o atraem, e você poderá muito bem se rebelar contra a ordem estabelecida e contra a moral. Mas, mesmo nesse caso, pode-se apostar que você saberá cativar os outros com suas propostas revolucionárias.

Seu maior problema consiste em passar diretamente da exaltação à depressão sem períodos de transição, o que não deixará de perturbar os que o cercam.

Além disso, quando for preciso agir, faça-o quando estiver em plena forma e tudo sairá bem. Se não estiver se sentindo muito bem, seja razoável: abstenha-se e espere um momento melhor!

A sexta-feira lhe é favorável, é claro, mas também a terça-feira, para o equilíbrio interior, e o domingo, para as viagens e o jogo.

Sábado

O amor

O número 7, como todo mundo sabe ou sente, é extremamente positivo. Chega-se mesmo a chamá-lo de "número de sorte". Este é o seu número, e é verdade que você manifesta quase sempre otimismo e bom humor.

No amor, como na amizade, você é radiante, sempre compreensivo e cheio de atenções para com os outros. Sua companhia é agradável por ser reconfortante; seu discurso, por ser acalentador; em suma, as pessoas gostam de você porque, simplesmente, você é agradável.

Na verdade, você não está longe de ser o parceiro ideal. Sem a menor tendência a ser caseiro, você sabe fazer sonhar a pessoa com quem você vive. Basta que ela mostre um pequeno sinal de aborrecimento para que você a reconforte, transportando-a até o canto mais distante do mundo.

Mesmo que sua situação não lhe permita fazer com que a outra pessoa descubra a arte e a filosofia de civilizações antigas, você a distrairá de suas preocupações propondo uma visita a um museu, uma ida ao cinema ou um jantar íntimo num restaurante exótico.

Sua generosidade é grande e, se um conflito se apresentar no relacionamento do casal, você saberá resolvê-lo com habilidade e sem violência. Você compreende o outro, além de respeitá-lo e fazer com que ele compartilhe em todos os momentos do seu entusiasmo e do seu amor pela harmonia.

Só mesmo com uma pessoa obtusa, materialista e limitada você teria um relacionamento difícil. Mesmo num caso como esse, você ainda tentaria salvar a relação; no fim das contas, quem partiria seria o outro, por ser incapaz de permanecer dentro da luz que você emana.

Certamente, haverá aqueles que tentarão pô-lo à prova, pois, se o seu carisma agrada muito, ele às vezes incomoda, sobretudo aos fracos. Alguns à sua volta poderiam tentar provocar conflitos com você.

Pior para eles!

O trabalho

Você é essencialmente criativo e, quando cria, você o faz sempre num sentido positivo. Sem cessar, você busca realizar coisas que, ao mesmo tempo que são úteis para você, podem igualmente servir aos outros.

Já em criança você era capaz de pressentir que o seu destino não seria o mesmo das outras pessoas; tudo lhe foi dado para que você pudesse destacar-se do rebanho. A "superioridade" de que você se aproveita faz com que seja mais fácil para você submeter a sua vontade a uma vontade superior, como se uma pequena voz o guiasse desde o seu íntimo. Em geral, você faz o que é preciso quando é preciso. Ninguém o censuraria por não agir com transparência, tanto no que você diz quanto no que você faz.

Talvez você pense: "Eu não sou assim!" Na verdade, ninguém é perfeito. No entanto, se você procurar bem no seu íntimo, encontrará todas essas características reunidas sob a forma de uma aspiração inata à perfeição.

É essa aspiração que o ajudará no seu trabalho e nas relações profissionais que você manterá no futuro. Se for convocado a dirigir, você o fará dando o exemplo, e os outros o seguirão. Se for dirigido, você terá a confiança dos seus superiores, pois tem amor pelo trabalho bem-feito.

Alguns, contudo, poderão sentir-se incomodados com seu lado "exemplar" e ser tentados a frustrar os seus planos. Mas se você os olhar com a gentileza e compaixão que o inspiram, eles logo baixarão as armas e você os transformará rapidamente em amigos.

Não pense que você é mimado; você enfrenta tantos problemas quanto as outras pessoas, se não mais. Mas a sua força consiste em ter o poder único de "transformar o veneno em remédio".

A saúde

O nascido no sábado é naturalmente protegido, o que não quer dizer que não corre riscos — longe disso. Mas, se uma doença ou um acidente vierem a afetá-lo, ele irá se recuperar sempre mais depressa e melhor que outra pessoa.

Essa "proteção" é devida, na verdade, a uma consciência inata da maneira pela qual giram as coisas da vida. Ele sabe, de algum modo, empurrar a roda do destino na direção certa.

Contudo, você precisa cuidar para que essa bela autoconfiança que lhe traz tantos sucessos não se volte contra você. De fato, ela poderia conduzi-lo à imprudência, com todos os perigos que isso pressupõe.

Você tem confiança em si mesmo, você se sente forte e sólido. Às vezes você chega a ter a impressão de que é inabalável. Os riscos não lhe causam medo e você os assume; o trabalho jamais o assusta, a ponto de você abusar dele.

É isso que deve fazer com que você tema ser obrigado a pagar pela sua falta de prudência. Os rins, por exemplo, são o seu ponto fraco e, se você continuar a dar e a se dar além do razoável, poderá ter problemas no futuro.

Aproveite o seu tempo, permita-se ter mais tempo livre, beba muita água e, sobretudo, seja prudente ao volante e nas atividades ou esportes radicais, caso você os pratique.

Criar situações de perigo é algo que não serve para nada, ainda que se tenha certeza da recuperação. A vida já nos traz o bastante por si só...

A família

Por amar demais os outros, nos esquecemos de amar a nós mesmos: eis aquilo que o define com precisão... Muitas vezes, o seu altruísmo leva você a se esquecer de si mesmo para maior benefício das pessoas de suas relações. E não apenas delas, mas de todos os que você gosta de considerar como parte da sua família. Você pratica a caridade sem ostentação, e o dom de si, para boas causas, parece a você a atitude normal a adotar.

As crianças guiadas por você se desenvolverão tranquilamente e de modo muito positivo, pois você saberá dar-lhes o senso dos valores e das responsabilidades, ao mesmo tempo que as abrigará sob suas asas protetoras e bondosas.

Você saberá sempre qual é a prioridade desse amor que dedica aos demais. Naturalmente, a sua família é que terá o primeiro lugar. No entanto, na forma ou na ação, poderá parecer que você se esqueceu dela momentaneamente, se uma justa causa exterior exigir um engajamento total da sua parte.

As pessoas o conhecem por aquilo que você é, e isso quer dizer: muito generoso. O amor que você recebe não será questionado, mas será inevitável que certas pessoas não aceitem de bom grado "perdê-lo" para outras, ainda que por poucos instantes... ou por poucos dias.

Apesar disso, quando você se afasta, já se sabe que você voltará sempre para casa, para perto daqueles que você ama, e que não se pode impedi-lo de dirigir a roda do seu destino; não importa o que aconteça, você obedece apenas a si mesmo e, por seu intermédio, a uma força superior.

Mas não deixe de pensar em você de vez em quando; você vale pelo menos tanto quanto aqueles a quem, sem descanso, estende a mão. Em poucas palavras: aprenda a reservar mais tempo para se amar. Isso é algo de que ninguém jamais vai reclamar.

O sucesso

Há um certo misticismo em você que lhe dá a sensação de ter um destino excepcional à sua espera. Isso não faz com que você seja megalômano, longe disso! Ao contrário: embora você receba o sucesso com facilidade, você o faz com modéstia e, se é verdade que você é facilmente arrebatado pela fé, ao mesmo tempo sabe guardar sua lucidez na ação.

As honras e as recompensas são para você, pois você é um vencedor. Você as receberá, nem que para isso seja preciso esperar até que seus cabelos embranqueçam. Então, você saberá recebê-las com serenidade e humildade. Os cumprimentos não lhe sobem à cabeça.

Você poderá encontrar sucesso nas viagens. As viagens, notadamente a outros países, o atraem e uma delas pode mudar radicalmente o seu destino, se é que isso já não aconteceu. Cuide apenas de escolher as boas datas; ouça a sua intuição, ela as sussurrará para você.

Se há muito tempo você está trabalhando para realizar um objetivo, há de chegar o dia em que tudo se combinará para permitir que você o realize. Os vários contatos que você fez também deverão ajudá-lo nesse sentido.

Além disso, lembre-se de que um ciclo precisa terminar para que um novo se inicie. Assim gira a roda. Mas, como a sua natureza é terminar aquilo que começa, você concluirá corretamente essa parte da sua existência para dedicar-se adequadamente a uma nova experiência.

Você faz uso de tudo o que aprende, acumula e experimenta para evoluir e aprimorar-se. Por fazer de seus erros e de seus acertos, de suas provações e de suas alegrias o fermento de uma vida sempre renovada, você atrai para si o sucesso.

O sucesso está com você e não o deixará, na medida em que souber transformar seus fracassos num trampolim para ajudá-lo a se elevar. O mais importante, na sua opinião, é aperfeiçoar-se sem parar... até o fim. Para você, é aí que se encontra o verdadeiro sucesso, e você certamente tem razão.

A sorte

A vida, os seres, o universo, tudo é composto de preto e branco em diferentes proporções. Em você, tudo é claro: o negro não tem lugar, ou quase não tem.

Você optou deliberadamente pelo branco, pela luz. Além de outras coisas, essa é a razão pela qual você prefere o dia à noite, mesmo que tenha ido buscar em alguma vida noturna os meios de apreciar melhor o Sol que se levanta, bem como o seu trajeto diário.

Eis por que você tem mais sucesso no que você faz durante o dia. Para você, o fechamento de compromissos e de contratos é desaconselhável depois do pôr-do-sol.

Se você der ouvidos à sua natureza profunda, atrairá a boa sorte em todos os campos: material, afetivo e espiritual. É permitido a você esperar tudo, mas sob a condição de manter-se orientado no sentido positivo, no seu sentido inato de "rotação".

O amor que você tem pelos outros, por natureza e por filosofia, o incentivará a partilhar com eles a sua boa sorte sempre que isso lhe for possível! Tome cuidado para que eles não se apresentem à sua porta em grande número caso você tenha ganhado na loteria!

No que lhe diz respeito, partilhar também pode querer dizer partilhar um dom, um poder concedido a você pela providência ou pela "sorte". Você pode tanto ter recebido o dom de curar ou de magnetizar quanto um verdadeiro poder de exorcismo.

Sua sorte, enfim, é o amor e a afeição que seus próximos dão a você em troca da sua presença radiante. Talvez você não se dê conta disso sempre do modo mais imediato, mas você pode ter confiança nisso, pois não há como ser de outro modo.

Seu número de sorte? O 7, com certeza, mas não é o único. De que adianta dizer mais a você, que sabe mais que todos nós a esse respeito?

III
As correspondências

Domingo

Planeta:	Sol: o domingo (*dies dominicus* — "sun-day") marca o início da semana. É o dia da Luz e do Fogo criador
Signos associados:	Leão e Gêmeos
Elementos:	Fogo e Ar
Símbolos:	O ponto, o círculo, o Advento, a Quaresma e o Domingo de Ramos
Números de sorte:	1, 4, 7, 10, 11, 19 e 30
Cores:	Dourado e amarelo (cor desaconselhada: preto)
Perfumes:	Heliotrópio, lavanda e rosa
Metais:	Ouro e latão
Flores:	Girassol, ranúnculo amarelo, crisântemo e ciclâmen

Frutas:	Lima e maçã verde
Árvores:	Carvalho, oliveira e palmeira
Plantas:	Angélica e loureiro
Pedras:	Heliotrópio (ou "pedra do sangue"), granada e carbúnculo
Animais:	Leão, leopardo, gavião e cigarra
Objetos:	Flecha, aljava, lira e bússola
Qualidades:	Generosidade e paternalismo
Defeitos:	Orgulho e dominação

Segunda-feira

Planeta: Lua: a segunda-feira (*lunis dies*) é o dia da emotividade, da afetividade, do sonho e da fecundidade

Signos associados: Touro e Câncer

Elementos: Terra e Água

Símbolos: Leite, mel, terceiro olho, Páscoa e Pentecostes

Números de sorte: 2, 9, 18, 20 e 28

Cores: Branco e azul-claro (cor desaconselhada: vermelho)

Perfumes: Mirra, lírio-do-vale, íris e primavera

Metal: Prata

Flores: Peônia, mirta, pilriteiro

Frutas: Amêndoa, coco, melão e pistache

Árvores: Lilás, salgueiro, choupo

Plantas:	Melissa e gengibre
Pedras:	Pedra-da-lua, pérola, opala e nácar
Animais:	Lagostim, touro, coruja e lobo
Objetos:	Esquadro, ímã e espelho
Qualidades:	Criatividade, imaginação e doçura
Defeitos:	Devaneio, ilusão e escapismo

Terça-feira

Planeta:	Marte: a terça-feira (*Martis dies*) é o dia consagrado à força, aos combates e às vitórias
Signos associados:	Áries e Escorpião
Elementos:	Fogo e Água
Símbolos:	Lança, bastão, Terça-feira Gorda (último dia do carnaval, imediatamente antes da Quaresma)
Números de sorte:	3, 4, 8, 11, 13 e 16
Cores:	Laranja, roxo e preto (cor desaconselhada: azul)
Perfumes:	Aloé e pimenta
Metal:	Ferro
Flores:	Cacto, ave-do-paraíso e margarida
Frutas:	Laranja, maçã vermelha e damasco

Árvores:	Loureiro e mangue
Plantas:	Cebolinha, manjericão, artemísia e sálvia
Pedras:	Calcedônia, granada, ônix e coral
Animais:	Carneiro, águia e escorpião
Objetos:	Flecha, lança, capacete e escudo
Qualidades:	Combatividade e heroísmo
Defeitos:	Imprudência e, eventualmente, crueldade

Quarta-feira

Planeta:	Mercúrio: a quarta-feira (*Mercoris dies*) é o dia dos negócios, do comércio e da negociação
Signos associados:	Gêmeos e Virgem
Elementos:	Ar e Terra
Símbolos:	Caduceu, relâmpago, lira e Quarta-feira de Cinzas (primeiro dia da Quaresma)
Números de sorte:	2, 4, 5, 8, 20 e 35
Cores:	Preto, branco, cinza e verde (cor desaconselhada: laranja)
Perfumes:	Canela, cânfora, baunilha e menta
Metal:	Mercúrio
Flores:	Begônia, jacinto e lírio do vale
Frutas:	Maçã verde e kiwi

Árvores:	Tília e sândalo
Plantas:	Lavanda e trevo-de-cinco-folhas
Pedras:	Topázio, safira e jade
Animais:	Raposa, galo, porco e cobra
Objetos:	Bolsa, clava e ramo de oliveira
Qualidades:	Eloqüência e arte do comércio
Defeitos:	Malícia e trapaça

Quinta-feira

Planeta:	Júpiter: a quinta-feira (*Jovis dies*) é o dia dos prazeres, das festas e da dominação sobre os outros
Signos associados:	Peixes e Aquário
Elementos:	Ar e Água
Símbolos:	Trovão, relâmpago, *vajra*, cetro e Quinta-feira Santa (a quinta-feira que precede a Páscoa)
Números de sorte:	3, 5, 7, 12, 16, 22 e 54
Cores:	Vermelho (cor desaconselhada: índigo)
Perfumes:	Olíbano, estoraque, mirra
Metal:	Estanho
Flores:	Lilás, camélia, agrião e orquídea
Frutas:	Romã e groselha

Árvores:	Faia, nogueira e aveleira
Plantas:	Cerefólio, meimendro, samambaia e alecrim
Pedras:	Ametista, jaspe, berilo e rubi
Animais:	Águia e guepardo
Objetos:	Marfim, martelo, forcado e chicote
Qualidades:	Jovialidade e autoridade
Defeitos:	Excesso em todas as áreas

Sexta-feira

Planeta:	Vênus: a sexta-feira (*Veneris dies*) é consagrada à deusa dos apaixonados e dos amantes
Signos associados:	Touro e Libra
Elementos:	Ar e Terra
Símbolos:	Estrela de seis pontas ou Selo de Salomão e Sexta-feira Santa
Números de sorte:	6, 8, 13, 17 e 33
Cores:	Verde, ruivo e ouro fulvo (cor desaconselhada: marrom)
Perfumes:	Açafrão, verbena, lilás e murta
Metal:	Cobre
Flores:	Rosa e anêmona (Vênus transformou Adônis numa anêmona quando ele morreu)

Frutas:	Maçã e romã, frutos do mar: vieira e marisco (*Venus verrucosa*)
Árvores:	Murta e freixo (este último é consagrado à deusa Frija, que também deu o nome à sexta-feira no norte da Europa: *Friday*)
Plantas:	Verbena (*Veneris vena* ou "veia de Vênus"), que, na Idade Média, entrava na composição da maioria dos filtros de amor
Pedras:	Esmeralda, pérola e malaquita
Animais:	Cavalo-marinho, cavalo, cisne, pardal e pombo
Objetos:	Arco e flecha
Qualidades:	Charme, beleza e graça (a venustidade)
Defeitos:	Tendência acentuada a abusar... de suas qualidades

Sábado

Planeta:	Saturno: o sábado (*Saturnis dies*) é o dia do sabá. Dia de Cronos, marca com seu selo tudo o que é característico dos pontos mais elevados: coroa, crânio, chifres etc.
Signos associados:	Capricórnio e Sagitário
Elementos:	Terra e Fogo
Símbolos:	Arco-íris, candelabro de sete braços e Sábado Santo (véspera da Páscoa)
Números de sorte:	9, 10, 13, 14, 15 e 52
Cores:	Marrom, preto e violeta (cor desaconselhada: verde)
Perfumes:	Benjoim, incenso e madressilva
Metal:	Chumbo
Flores:	Violeta e lírio

Frutas:	Tâmaras, nozes e avelãs
Árvores:	Bonsais e cedro
Plantas:	*Offodilius*, sempre-viva, trevo e sálvia
Pedras:	Cristal, cornalina e diamante
Animais:	Cabra, cabrito montês, tartaruga e camelo
Objetos:	Flauta, tambor, foice, correntes
Qualidades:	Paciência e sabedoria
Defeitos:	Exigência e intransigência

IV

Relacionamentos com os outros dias

Conhecer o dia do nascimento dos seus conhecidos
é saber como se comportar com eles e como
compreendê-los melhor, mas é também — e antes
de tudo — saber escolher aquele (ou aquela)
com quem nos relacionaremos particularmente bem.

Domingo

**Seu relacionamento com as pessoas nascidas
nos seguintes dias:**

Segunda-feira (Lua)

O domingo é o Sol. A segunda-feira é a Lua. São comparáveis a Adão e Eva: o casal ideal! Aqui, tudo está reunido para o sucesso; contudo, a complementaridade é tamanha que as diferenças são radicais, e esse aspecto do relacionamento, para que possa resultar numa vitória, sempre deverá ser reconhecido como uma bênção para que não acabe em explosão. Uma pessoa nascida na segunda-feira que tenha signo de Água poderia apagar a energia de outra nascida num domingo e que tenha signo de Fogo.

Terça-feira (Marte)

O domingo é amigo da fidelidade, enquanto a terça-feira... é um pouco menos. Mas o primeiro sabe ser complacente para com as faltas do segundo — o que de certo modo o favorece, pois este último volta sempre ao seio da família em busca do seu protetor natural. Mas é bom que ele não exagere, se não quiser ser posto para fora em grande estilo. Uma pessoa nascida num domingo e do signo de Leão dificilmente conseguiria conviver com outra nascida numa terça-feira e do signo de Escorpião.

Quarta-feira (Mercúrio)

Os nascidos às quartas-feiras serão sempre bons companheiros para os nascidos aos domingos. Eles os seguirão e os apoiarão em todas as batalhas e, no momento do repouso, os distrairão do cansaço com seu bom humor. Mas é bom que a pessoa nascida num domingo não tente dominar a nascida na quarta-feira, pois esta, fugidia, lhe escapará por entre os dedos! Alguém do signo de Leão ou de Virgem e que tenha nascido num domingo formará um fogo duradouro com uma pessoa do signo de Gêmeos que tenha nascido numa quarta-feira.

Quinta-feira (Júpiter)

Aqui, duas personalidades fortes se confrontam. Como ambas têm vocação para o poder, quando estão aliadas torna-se recomendável para os nascidos em outro dia não entrar em conflito com a dupla. Ambas adoram ganhar, mas tampouco rejeitam organizar a festa, participar de recepções e banhar-se no luxo. Um casal assim constituído não passará despercebido, sobretudo se ambos forem de signos de Fogo.

Sexta-feira (Vênus)

Vênus é chamada de "irmã do Sol". De fato, seu planeta está bem próximo do astro-rei. Pertencente ao elemento Ar, ela está apta a carregar o Fogo dos nascidos aos domingos. Os dois céus terão um bom relacionamento, sem que seja necessário fazer um grande esforço para isso. No entanto, é preferível que o homem tenha nascido num domingo e a mulher numa sexta-feira, pois o contrário pode levar o homem a viver a "provação" do homem na fogueira. Uma pessoa nascida numa sexta-feira e que seja do signo de Leão combinará bem com uma nascida num domingo, a qual sempre terá orgulho da sua beleza.

Sábado (Saturno)

Saturno é o deus do obscuro, do impenetrável, enquanto o Sol é o astro que traz o dia! Um acordo entre esses dois dias revela-se difícil, a menos que a pessoa nascida num sábado saiba apagar-se pacientemente diante do forte brilho do nascido num domingo. Ademais, a presença daquele será aquecedora e lhe trará grande benefício. Mas é bom que ele nunca seja tomado pela vontade de fazer-lhe sombra, sobretudo se não tiver nascido sob um signo de Fogo!

Domingo (Sol)

Duas pessoas nascidas num domingo, juntas, provocarão admiração, mas também inveja! Acontecerá com freqüência que outras pessoas as bajulem — e este é o ponto fraco da dupla — para tirar maior proveito delas ou por tentar fazer com que elas desçam de seu pedestal. O perigo, numa união como esta, é que um procura sempre superar o outro, sobretudo no caso de duas pessoas de signos de Fogo. Isso poderá ser um gerador de conflitos.

Segunda-feira

**Seu relacionamento com as pessoas nascidas
nos seguintes dias:**

Terça-feira (Marte)

São como água e fogo! Intuição e ação! Sonho e realidade! Mas, como todos os opostos, estes dois podem completar-se maravilhosamente... ou se detestar. Para dar certo, a pessoa nascida numa terça-feira deverá ouvir os sábios conselhos da pessoa nascida numa segunda-feira antes de partir para a ação. E a nascida numa segunda, por sua vez, deverá se controlar para não impedir a outra de "partir para a luta". Uma pessoa de Câncer que tenha nascido numa segunda-feira e outra do signo de Áries nascida numa terça-feira têm todas as chances de encontrar a harmonia.

Quarta-feira (Mercúrio)

O saltitante nativo da quarta-feira encontrará na pessoa nascida numa segunda-feira a sabedoria tranqüilizadora que lhe falta. E esta, sem a menor dúvida, saberá consolá-lo, repreendê-lo, protegê-lo. Ainda assim, atenção! Cuidado para não incubar demais — ou, pior ainda, sufocar — a pessoa nascida numa quarta-feira, pois esta tem uma necessidade vital de liberdade. Uma pessoa do signo de Virgem que tenha nascido numa quarta-feira e outra do signo de Touro nascida numa segunda-feira encontrarão naturalmente interesses comuns.

Quinta-feira (Júpiter)

A pessoa nascida numa quinta-feira é de natureza otimista, em contraste com os altos e baixos por que passam os nascidos numa segunda-feira. Isso é um indicador do apoio que um poderá dar ao outro nos dias difíceis, com a condição de que esteja presente no momento propício. Na verdade, se deixada à sua própria sorte, a pessoa nascida numa segunda-feira poderá perfeitamente ir consolar-se com outros. Portanto, contanto que a pessoa nascida na quinta-feira não se mostre excessivamente segura de si, tudo correrá bem. Alguém do signo de Áries e que tenha nascido numa segunda-feira pode tornar-lhe a vida difícil.

Sexta-feira (Vênus)

A pessoa nascida numa sexta-feira também é chamada de "filha da Lua". E se o seu elemento é o Ar, ela também assume a natureza da Água. Os dois céus se darão bem, especialmente no que diz respeito aos sonhos, aos projetos, ao amor e à criação. Um casal formado de uma pessoa nascida numa segunda-feira e de outra nascida numa sexta-feira será ainda mais estável caso a primeira seja do signo de Touro, pois sempre poderá trazer a outra de volta ao rebanho. Um casal de homossexuais poderia prosperar numa combinação como esta.

Sábado (Saturno)

A Lua é o símbolo da água e do sonho. Saturno é uma divindade do inverno, da secura e do gelo. Uma pessoa nascida num sábado ficará feliz de poder contar com a ajuda de alguém nascido numa segunda-feira para encontrar seu caminho na noite escura. Esta saberá guiá-la habilmente pelos meandros da existência, pois a Lua é o olho da noite. Uma pessoa de Capricórnio nascida num sábado e outra de Câncer nascida numa segunda-feira poderiam ter problemas para se entender.

Domingo (Sol)

O domingo é o Sol. A segunda-feira é a Lua. São comparáveis a Adão e Eva: o casal ideal! Tudo aqui encontra-se reunido para o sucesso; contudo, a complementaridade é tamanha que as diferenças são radicais, e esse aspecto do relacionamento, para que possa resultar numa vitória, sempre deverá ser reconhecido como uma bênção para que não acabe em explosão. Uma pessoa nascida na segunda-feira que tenha signo de Água poderia apagar a energia de outra nascida num domingo e que tenha signo de Fogo.

Segunda-feira (Lua)

Eis aqui duas pessoas que não têm os pés no chão! O que elas querem, na verdade, é... a Lua, e é lá que permanecem quase sempre. No entanto, trata-se de um território no qual ambos se sentem bem: o campo da arte, de todas as artes. Ainda assim, não é garantido que tirarão proveito disso, pois precisam além disso aceitar que não se pode viver apenas de amor e água fresca... Se um dos dois for de um signo de Terra, as coisas serão facilitadas.

Terça-feira

Seu relacionamento com as pessoas nascidas nos seguintes dias:

Quarta-feira (Mercúrio)

Uma pessoa nascida numa quarta-feira que acompanha outra nascida numa terça-feira é como o ar que sopra sobre o fogo: ele o faz crescer! Mas também pode apagá-lo, pois, ao mesmo tempo que é cheio de energia, o indivíduo nascido numa terça-feira também precisa fazer uma pausa de vez em quando para depois retomar melhor sua atividade. Ele poderia tentar fugir do fogo-fátuo do mercúrio, se este não tomar cuidado, para jogar-se nos braços de alguém nascido em outro dia da semana — numa sexta-feira, por exemplo...

Quinta-feira (Júpiter)

Como Marte é filho de Júpiter, pode-se dizer que duas pessoas nascidas nesses dois dias da semana partilham de laços sobrenaturais indissolúveis. Mas é bom que a pessoa nascida na terça-feira não se engane: se a pessoa nascida numa quinta-feira a ama e a entende, ela também saberá punir seus erros, do mesmo modo que um pai. E seus acessos de raiva serão terríveis. É bom que o indivíduo nascido numa terça-feira, sobretudo se for do signo de Escorpião, não se divirta enganando seu parceiro, especialmente com alguém nascido numa sexta-feira! Vão sair faíscas...

Sexta-feira (Vênus)

Vênus e Marte eram amantes; sua união simboliza o casal perfeito. Sua atração sexual será de um raro poder e sua descendência poderá ser numerosa, mas conflitos poderão surgir, especialmente se o indivíduo nascido na terça-feira for do sexo feminino. Se a pessoa nascida na terça-feira aprender a ser paciente e a pessoa nascida na sexta-feira aprender a constância, chegaremos bem próximos do ideal! Com uma pessoa de Áries nascida numa terça-feira, a pessoa nascida na sexta-feira deverá ter conflitos; com uma pessoa de Escorpião, a vida não será um rio longo e calmo.

Sábado (Saturno)

Entre uma pessoa nascida num sábado e outra nascida numa terça-feira, é um pouco como uma luta entre o fogo e o gelo! O primeiro é vagaroso e paciente; o segundo, faiscante e audacioso como um menino. O indivíduo nascido na terça-feira divertirá o que nasceu no sábado, e chegará até a derreter o seu gelo, mas sua inconseqüência poderá irritá-lo. Nesse caso, cuidado com a reação! Tudo correrá bem se ambos se esforçarem — o nascido no sábado para manter o bom humor, se puder, e o nascido na terça-feira para ganhar mais sabedoria.

Domingo (Sol)

O domingo é amigo da fidelidade, enquanto a terça-feira... é um pouco menos. Mas o primeiro sabe ser complacente para com as faltas do segundo — o que de certo modo o favorece, pois este último volta sempre ao seio da família em busca do seu protetor natural. Mas é bom que ele não exagere, se não quiser ser posto para fora em grande estilo! Uma pessoa nascida num domingo e do signo de Leão dificilmente conseguiria conviver com outra nascida numa terça-feira e do signo de Escorpião.

Segunda-feira (Lua)

São como água e fogo! Intuição e ação! Sonho e realidade! Mas, como todos os opostos, estes dois podem completar-se maravilhosamente... ou se detestar. Para dar certo, a pessoa nascida numa terça-feira deverá ouvir os sábios conselhos da pessoa nascida numa segunda-feira antes de partir para a ação. E a nascida numa segunda, por sua vez, deverá se controlar para não impedir a outra de "partir para a luta".

Uma pessoa de Câncer que tenha nascido numa segunda-feira e outra do signo de Áries nascida numa terça-feira têm todas as chances de encontrar a harmonia.

Terça-feira (Marte)

Duas pessoas nascidas numa terça-feira e que se associassem na mesma empreitada teriam todas as chances de ser bem-sucedidas. No entanto, o acordo corre o risco de ser de curta duração, pois toda empresa pode ter apenas um único chefe. O mesmo vale para o casal, o qual corre o risco de discutir sem parar. Ainda assim, haverá respeito e compreensão mútuas, e o amor poderá se estabelecer sobre essa base, sobretudo se a mulher for de um signo de Água.

Quarta-feira

**Seu relacionamento com as pessoas nascidas
nos seguintes dias:**

Quinta-feira (Júpiter)

Mercúrio, assim como Marte, era filho de Júpiter, a quem servia com coragem infalível. O homem nascido numa quinta-feira encontrará na mulher nascida numa quarta-feira uma companheira fiel e zelosa. Se a mulher tiver nascido numa quinta-feira, o melhor é deixá-la controlar as finanças, pois ela saberá defender os seus interesses. E não se irrite, meu caro, se isso nem sempre for feito com a maior honestidade. Por outro lado, ninguém jamais conseguirá compreender o universo de uma pessoa de Peixes nascida numa quinta-feira ou de alguém de Gêmeos nascido numa quarta-feira!

Sexta-feira (Vênus)

Mercúrio, deus dos comerciantes, mas também dos ladrões, furtou o cinto mágico de Vênus, privando-a assim do poder do seu charme. Ele fez isso por temer a versatilidade da deusa — logo ele, o fogo-fátuo! Ambos estão à procura da união perfeita, mesmo que de vez em quando seja preciso "barganhar" — Vênus também sabe ser venal. Uma pessoa nascida numa sexta-feira nem sempre compreenderá um nascido numa quarta-feira que seja do signo de Gêmeos, mas poderá facilmente brilhar com alguém de Aquário.

Sábado (Saturno)

A pessoa nascida num sábado analisa calmamente as situações, enquanto a nascida numa quarta-feira salta de uma a outra com vivacidade. Aquela gostaria de prender esta última para poder examiná-la melhor, mas ela sempre lhe fugirá por entre os dedos. Alguém que tenha nascido numa quarta-feira e seja de algum signo de Terra estaria mais capacitado a fazer-se compreender pela pessoa nascida num sábado, mas com a condição de que aprenda a se calar de vez em quando, pois sua tagarelice perturba o silêncio no qual o nascido num sábado sabe tão bem se fechar.

Domingo (Sol)

Os nascidos às quartas-feiras serão sempre bons companheiros para os nascidos aos domingos. Eles os seguirão e os apoiarão em todas as batalhas e, no momento do repouso, os distrairão do cansaço com seu bom humor. Mas é bom que a pessoa nascida num domingo não tente dominar a nascida na quarta-feira, pois esta, fugidia, lhe escapará por entre os dedos! Alguém do signo de Leão ou de Virgem e que tenha nascido num domingo formará um fogo duradouro com uma pessoa do signo de Gêmeos que tenha nascido numa quarta-feira.

Segunda-feira (Lua)

O saltitante nativo da quarta-feira encontrará na pessoa nascida numa segunda-feira a sabedoria tranqüilizadora que lhe falta. E esta, sem a menor dúvida, saberá consolá-lo, repreendê-lo, protegê-lo. Ainda assim, atenção! Cuidado para não incubar demais — ou, pior ainda, sufocar — a pessoa nascida numa quarta-feira, pois esta tem uma necessidade vital de liberdade. Uma pessoa do signo de Virgem que tenha nascido numa quarta-feira e outra do signo de Touro nascida numa segunda-feira encontrarão naturalmente interesses comuns.

· 121 ·

Terça-feira (Marte)

Uma pessoa nascida numa quarta-feira que acompanha outra nascida numa terça-feira é como o ar que sopra sobre o fogo: ele o faz crescer! Mas também pode apagá-lo, pois, ao mesmo tempo que é cheio de energia, o indivíduo nascido numa terça-feira também precisa fazer uma pausa de vez em quando para depois retomar melhor sua atividade. Ele poderia tentar fugir do fogo-fátuo do mercúrio, se este não tomar cuidado, para jogar-se nos braços de alguém nascido em outro dia da semana — numa sexta-feira, por exemplo...

Quarta-feira (Mercúrio)

Artimanha contra artimanha, língua contra língua, inteligência contra inteligência: qual dos dois vencerá? Que ambos cultivem em si a humildade, o respeito ao outro e aprenda a se calar; assim, a vida será mais simples! Enfim, que aquele que costuma mentir ou enganar ao outro conceda-lhe o direito de fazer o mesmo, e o casal será brilhante, ainda que um pouco não-convencional. Entre duas pessoas de Gêmeos nascidas numa quarta-feira, há qualquer coisa que beira a "quadratura do círculo".

Quinta-feira

Seu relacionamento com as pessoas nascidas nos seguintes dias:

Sexta-feira (Vênus)

Um encontro entre uma pessoa nascida numa quinta-feira e outra nascida numa sexta-feira é algo que pode provocar amor à primeira vista! Sua prestatividade, sua autoridade natural e seu senso inato de justiça fascinarão o indivíduo nascido numa sexta-feira, ainda que — e sobretudo — ele pareça distante e soberano. Um grande equilíbrio está prometido para essa união, mas sob uma condição: que Vênus não se permita a menor infidelidade. Nesse caso, a cólera do parceiro nascido numa quinta-feira seria terrível. Uma relação particularmente rica pode ser formada com alguém de Peixes que tenha nascido numa quinta-feira.

Sábado (Saturno)

Como Saturno foi destronado pelo seu filho Júpiter, há um risco de grandes conflitos entre pessoas nascidas num sábado e numa quinta-feira. O primeiro quer jejuar quando o segundo quer um banquete, e um quer refletir enquanto o outro quer dançar! No entanto, suas diferenças são enriquecedoras para ambos. Se reconhecessem esse fato, poderiam viver de modo consensual, especialmente se a pessoa nascida num sábado for do signo de Peixes ou de Gêmeos.

Domingo (Sol)

Aqui, duas personalidades fortes se confrontam. Como ambas têm vocação para o poder, quando estão aliadas torna-se recomendável para os nascidos em outro dia não entrar em conflito com a dupla. Ambas adoram ganhar, mas tampouco rejeitam organizar a festa, participar de recepções e banhar-se no luxo. Um casal assim constituído não passará despercebido, sobretudo se ambos forem de signos de Fogo.

Segunda-feira (Lua)

A pessoa nascida numa quinta-feira é de natureza otimista, em contraste com os altos e baixos por que passam os nascidos numa segunda-feira. Isso é um indicador do apoio que um poderá dar ao outro nos dias difíceis, com a condição de que esteja presente no momento propício. Na verdade, se deixada à sua própria sorte, a pessoa nascida numa segunda-feira poderá perfeitamente ir consolar-se com outros. Portanto, contanto que a pessoa nascida na quinta-feira não se mostre excessivamente segura de si, tudo correrá bem. Alguém do signo de Áries e que tenha nascido numa segunda-feira pode tornar-lhe a vida difícil.

Terça-feira (Marte)

Como Marte é filho de Júpiter, pode-se dizer que duas pessoas nascidas nesses dois dias da semana partilham de laços sobrenaturais indissolúveis. Mas é bom que a pessoa nascida na terça-feira não se engane: se a pessoa nascida numa quinta-feira a ama e a entende, ela também saberá punir seus erros, do mesmo modo que um pai. E seus acessos de raiva serão terríveis. É bom que o indivíduo nascido numa terça-feira, sobretudo se for do signo de Escorpião, não se divirta enganando seu parceiro, especialmente com alguém nascido numa sexta-feira! Vão sair faíscas...

Quarta-feira (Mercúrio)

Mercúrio, assim como Marte, era filho de Júpiter, a quem servia com coragem infalível. O homem nascido numa quinta-feira encontrará na mulher nascida numa quarta-feira uma companheira fiel e zelosa. Se a mulher tiver nascido numa quinta-feira, o melhor é deixá-la controlar as finanças — ela saberá defender os seus interesses. E não se irrite, meu caro, se isso nem sempre for feito com a maior honestidade. Por outro lado, ninguém jamais conseguirá compreender o universo de uma pessoa de Peixes nascida numa quinta-feira ou de alguém de Gêmeos nascido numa quarta-feira!

Quinta-feira (Júpiter)

Imagine clarões num céu de tempestade, onde os estrondos ecoam por toda parte: é assim o encontro de duas pessoas nascidas numa quinta-feira. Amor à primeira vista, mas não sem certa dose de conflitos, pois Júpiter é *o* deus dos deuses e não está disposto a ceder seu lugar, seu trono, seu prestígio e seu poder. Se você nasceu numa quinta-feira e tem como parceiro outra pessoa nascida numa quinta-feira, assegure-se ao menos de que seus elementos sejam complementares (Terra/Água ou Ar/Fogo)!

Sexta-feira

Seu relacionamento com as pessoas nascidas nos seguintes dias:

Sábado (Saturno)

Saturno é o deus da reflexão, da humildade, da ascese, enquanto Vênus é a deusa da sensualidade, das festas e dos divertimentos! É o mesmo que dizer que essa união será difícil. Contudo, caso ela se realize, será intensa na mesma medida em que será árdua, e anunciará a era de ouro para o casal, bem como sua extraordinária longevidade. Uma pessoa nascida numa sexta-feira e que seja do signo de Capricórnio compreenderá mais facilmente alguém nascido num sábado, e uma pessoa de um signo de Água nascida num sábado será mais aberta e mais afetuosa com outra nascida numa sexta-feira.

Domingo (Sol)

Vênus é chamada de "irmã do Sol". De fato, seu planeta está bem próximo do astro-rei. Pertencente ao elemento Ar, ela está apta a carregar o Fogo dos nascidos aos domingos. Os dois céus terão um bom relacionamento, sem que seja necessário dedicar grande esforço para isso. No entanto, é preferível que o homem tenha nascido num domingo e a mulher numa sexta-feira, pois o contrário pode levar o homem a viver a "provação" do homem na fogueira. Uma pessoa nascida numa sexta-feira e que seja do signo de Leão combinará bem com uma nascida num domingo, a qual sempre terá orgulho da sua beleza.

Segunda-feira (Lua)

A pessoa nascida numa sexta-feira também é chamada de "filha da Lua". E se o seu elemento é o Ar, ela também assume a natureza da Água. Os dois céus se darão bem, especialmente no que diz respeito aos sonhos, aos projetos, ao amor e à criação. Um casal formado por uma pessoa nascida numa segunda-feira e de outra nascida numa sexta-feira será ainda mais estável caso a primeira seja do signo de Touro, pois sempre poderá trazer a outra de volta ao rebanho. Um casal de homossexuais poderia prosperar numa combinação como esta.

Terça-feira (Marte)

Vênus e Marte eram amantes; sua união simboliza o casal perfeito. Sua atração sexual será de um raro poder e sua descendência poderá ser numerosa, mas conflitos poderão surgir, especialmente se o indivíduo nascido na terça-feira for do sexo feminino. Se a pessoa nascida numa terça-feira aprender a ser paciente e a pessoa nascida na sexta-feira aprender a constância, chegaremos bem próximos do ideal! Com uma pessoa de Áries nascida numa terça-feira, a pessoa nascida na sexta-feira deverá ter conflitos; com uma pessoa de Escorpião, a vida não será um rio longo e calmo.

Quarta-feira (Mercúrio)

Mercúrio, deus dos comerciantes, mas também dos ladrões, furtou o cinto mágico de Vênus, privando-a assim do poder do seu charme. Ele fez isso por temer a versatilidade da deusa — logo ele, o fogo-fátuo! Ambos estão à procura da união perfeita, mesmo que de vez em quando seja preciso "barganhar" — Vênus também sabe ser venal. Uma pessoa nascida numa sexta-feira nem sempre compreenderá um nascido numa quarta-feira que seja do signo de Gêmeos, mas poderá facilmente brilhar com alguém de Aquário.

Quinta-feira (Júpiter)

Um encontro entre uma pessoa nascida numa quinta-feira e outra nascida numa sexta-feira é algo que pode provocar amor à primeira vista! Sua prestatividade, sua autoridade natural e seu senso inato de justiça fascinarão o indivíduo nascido numa sexta-feira, ainda que — e sobretudo — ele pareça distante e soberano. Um grande equilíbrio está prometido para essa união, mas sob uma condição: que Vênus não se permita a menor infidelidade. Nesse caso, a cólera do parceiro nascido numa quinta-feira seria terrível. Uma relação particularmente rica pode ser formada com alguém de Peixes que tenha nascido numa quinta-feira.

Sexta-feira (Vênus)

Com outra pessoa nascida numa sexta-feira, é tudo ou nada: ambos se compreendem necessariamente, mas podem também rejeitar a imagem de si que lhes é devolvida pelo outro. Especialmente se houver inveja pelo charme exibido pelo outro e que nós mesmos gostaríamos de esbanjar! Uma relação com outra pessoa nascida numa sexta-feira é o prenúncio de uma grande fusão ou de um grande fracasso, sobretudo se ambos pertencerem ao mesmo signo astrológico. É preferível, por ser mais prudente, a união de elementos complementares, se possível: Terra/Água, Ar/Fogo, Terra/Fogo.

• 130 •

Sábado

**Seu relacionamento com as pessoas nascidas
nos seguintes dias:**

Domingo (Sol)

Saturno é o deus do obscuro, do impenetrável, enquanto o Sol é o astro que traz o dia! Um acordo entre esses dois dias revela-se difícil, a menos que a pessoa nascida num sábado saiba apagar-se pacientemente diante do forte brilho do nascido num domingo. Ademais, a presença daquele será aquecedora e lhe trará grande benefício. Mas é bom que ele nunca seja tomado pela vontade de fazer-lhe sombra, sobretudo se não tiver nascido num signo de Fogo!

Segunda-feira (Lua)

A Lua é o símbolo da água e do sonho. Saturno é uma divindade do inverno, da secura e do gelo. Uma pessoa nascida num sábado ficará feliz de poder contar com a ajuda de alguém nascido numa segunda-feira para encontrar seu caminho na noite escura. Esta saberá guiá-la habilmente pelos meandros da existência, pois a Lua é o olho da noite. Uma pessoa de Capricórnio nascida num sábado e outra de Câncer nascida numa segunda-feira poderiam ter problemas para se entender.

Terça-feira (Marte)

Entre uma pessoa nascida num sábado e outra nascida numa terça-feira, é um pouco como uma luta entre o fogo e o gelo! O primeiro é vagaroso e paciente; o segundo, faiscante e audacioso como um menino. O indivíduo nascido na terça-feira divertirá o que nasceu no sábado, e chegará até a derreter o seu gelo, mas sua inconseqüência poderá irritá-lo. Nesse caso, atenção para a sua reação! Tudo correrá bem se ambos se esforçarem — o nascido no sábado para manter o bom humor, se puder, e o nascido na terça-feira para ganhar mais sabedoria.

Quarta-feira (Mercúrio)

A pessoa nascida num sábado analisa calmamente as situações, enquanto a nascida numa quarta-feira salta de uma a outra com vivacidade. Aquela gostaria de prender esta última para poder examiná-la melhor, mas ela sempre lhe fugirá por entre os dedos. Alguém que tenha nascido numa quarta-feira e seja de algum signo de Terra estaria mais capacitado a fazer-se compreender pela pessoa nascida num sábado, mas com a condição de que aprenda a se calar de vez em quando, pois sua tagarelice perturba o silêncio no qual o nascido num sábado sabe tão bem se fechar.

Quinta-feira (Júpiter)

Como Saturno foi destronado pelo seu filho Júpiter, há um risco de grandes conflitos entre pessoas nascidas num sábado e numa quinta-feira. O primeiro quer jejuar quando o segundo quer um banquete, e um quer refletir enquanto o outro quer dançar! No entanto, suas diferenças são enriquecedoras para ambos. Se reconhecessem esse fato, poderiam viver de modo consensual, especialmente se a pessoa nascida num sábado for do signo de Peixes ou de Gêmeos.

Sexta-feira (Vênus)

Saturno é o deus da reflexão, da humildade, da ascese, enquanto Vênus é a deusa da sensualidade, das festas e dos divertimentos! É o mesmo que dizer que essa união será difícil. Contudo, caso ela se realize, será intensa na mesma medida em que será árdua, e anunciará a era de ouro para o casal, bem como sua extraordinária longevidade. Uma pessoa nascida numa sexta-feira e que seja do signo de Capricórnio compreenderá mais facilmente alguém nascido num sábado, e uma pessoa de um signo de Água nascida num sábado será mais aberta e mais afetuosa com outra nascida numa sexta-feira.

Sábado (Saturno)

Com outra pessoa nascida num sábado, pode ocorrer a harmonia fraterna, perfeita, completa. Os gostos e as aspirações serão sempre semelhantes, bem como o modo de vida. Mas também pode acontecer o inverso: buscamos sempre um complemento no outro — ou seja, algo de diferente — e não encontrá-lo no parceiro pode ser um incentivo... para procurar em outro lugar. A vida pode ganhar um tempero especial se os signos astrológicos estiverem associados a elementos diferentes.

V

Sobre o bom uso dos dias da semana

Domingo

O domingo é favorável:

Às reuniões de família
Ao repouso e aos esportes
À oração e à dança
Aos banhos de sol e à equitação
Ao amor e aos presentes

No domingo, deve-se evitar:

Apagar um fogo com água
Visitar grutas ou trabalhar numa caverna
Exercer uma atividade lucrativa
Falar demais sobre si mesmo
Os pratos muito salgados

Segunda-feira

A segunda-feira é favorável:

Às negociações e aos projetos
Aos sonhos premonitórios e à intuição
Aos banhos de imersão, preferivelmente às duchas
Aos regimes à base de laticínios
Às plantações (suspensas, na lua crescente; na terra, com
a lua minguante)

Na segunda-feira, deve-se evitar:

Beber demais antes de dormir
As atividades ocultas
O uso de objetos cortantes
Enfurecer-se
Comer cereais e frutas secas

Terça-feira

A terça-feira é favorável:

À procura de um emprego
Às relações sexuais
Aos esportes e às competições
Aos processos e aos embates oratórios
À sedução no amor e nos negócios

Na terça-feira, deve-se evitar:

Dirigir muito depressa
Praticar esportes perigosos
Realizar negócios arriscados
Consumir alimentos muito apimentados
Tomar uma decisão sem tê-la ponderado bem

Quarta-feira

A quarta-feira é favorável:

Aos estudos e aos escritos
À compra e à venda
Aos tratamentos médicos
Às relações com estrangeiros, às viagens
Às boas novas que chegam pelo correio

Na quarta-feira, deve-se evitar:

Assinar um contrato sem tê-lo lido
Comprometer-se afirmativa ou negativamente
Enganar os outros
Ter brigas de amor
Contrair empréstimos ou dívidas

Quinta-feira

A quinta-feira é favorável:

Aos desejos, aos votos, à sorte
À criação, à procriação
Às decisões a respeito do futuro
Aos julgamentos e às conciliações

Na quinta-feira, deve-se evitar:

Fazer um passeio em dia de tempestade
Consertos domésticos, especialmente na parte elétrica
Jejuar ou abster-se de beber
A companhia de pessoas ou lugares tristes
Retirar-se para a solidão

Sexta-feira

A sexta-feira é favorável:

Para se convidar alguém que se quer seduzir
Às reuniões de amigos ou familiares
Aos jogos, especialmente numa sexta-feira 13
Às refeições com peixes e frutos do mar
Aos passeios a cavalo e aos banhos de mar

Na sexta-feira, deve-se evitar:

Matar um animal de qualquer espécie
Ingerir carne vermelha
Concluir um negócio importante
Fechar-se no isolamento
Começar uma dieta

Sábado

O sábado é favorável:

À meditação, de preferência aos grandes discursos
Ao estudo das ciências, à jardinagem, aos consertos
domésticos, à pintura
À música tocada ou ouvida
Ao término de todo trabalho já começado
À dieta e ao jejum

No sábado, deve-se evitar:

Firmar acordos financeiros
Discussões com os filhos
Provocar conflitos
Cometer furtos
Ingerir gordura